U0116602

洪門及加拿大洪門史論

黎全恩 著

商務印書館

洪門及加拿大洪門史論

作　　者：黎全恩

責任編輯：楊克惠

封面設計：楊愛文

出　　版：商務印書館（香港）有限公司
　　　　　香港筲箕灣耀興道 3 號東滙廣場 8 樓
　　　　　http://www.commercialpress.com.hk

發　　行：香港聯合書刊物流有限公司
　　　　　香港新界大埔汀麗路 36 號中華商務印刷大廈 3 字樓

印　　刷：美雅印刷製本有限公司
　　　　　九龍觀塘榮業街 6 號海濱工業大廈 4 樓 A 室

版　　次：2015 年 4 月第 1 版第 1 次印刷
　　　　　© 2015 商務印書館（香港）有限公司
　　　　　ISBN 978 962 07 5641 6
　　　　　Printed in Hong Kong

版權所有，不准以任何方式，在世界任何地區，以中文或其他
文字翻印、仿製或轉載本書圖版和文字之一部分或全部。

目錄

總　序

　　「海外華人新史」系列叢書的構思乃由幾個背景因素所促動。其一，在社會發展及轉變的洪流中，各地早期華人活動的遺跡急速湮沒，地方文獻、文物相繼散失，亟需搶救瀕臨消亡的歷史，並研判其意義。其二，隨着網際資訊的發達，道聽途說、不求實證的「歷史」鋪天蓋地，以訛傳訛的情況嚴重，殊堪浩歎。其三，有關海外華人歷史的中、外文著作各有所長，宜多互參互補，並窮盡中、外文原始資料，採實地考察和深入田野調查的新社會史研究法[(1)]，以求突破。其四，已有不少學者呼籲治近代海外華人史須採跨國及全球視野[(2)]，我們則指出，關注華僑/華人、僑居地/定居地[(3)]間的微妙關係及其轉變的歷史意義，能突顯跨國移民史和比較研究在豐富全球史內容方面的貢獻。其五，海外華人新史的範式也強調，全球華人網絡的形成也端賴各個發揮聯繫功能的連接點，包括在僑鄉與僑居地或定居地間的中介地[(4)]，其作用可能是關鍵性和樞紐性的。本叢書所要示範的是，細緻的專題和深入的個案分析為比較研究所建立的基礎，其實與海外華人史對全球史所能作出的貢獻息息相關。

　　當然，我們遇到的挑戰絕不少，最大難題可說是文獻、文物的散失。以美國西部加利福尼亞州為例，當地自 1848 年發現金礦，大批華

工漂洋而至。其後隨着礦產的開發、鐵路的修築，以至漁業、農業的興起，十九世紀末已有數以百計的埠鎮有華人聚居，形成唐人埠、唐人街、唐人巷、唐人寮營和漁村等。至上世紀五十年代，小埠鎮的華人大多已遷至城市謀生，同時加州開始迅速建設高速公路，不少埠鎮一掃而平，蕩然無存。破落的偏遠地區淪為遺址；而在有經濟價值之地，樓房則紛紛易手拆建。唐人街、唐人巷及唐人漁村、蝦寮等漸次消失，文獻、文物隨之散滅。近二十年經華人團體積極爭取，在公路和高鐵建設過程中所發現的地下文物，小部分得以保存。洛杉磯市中心的華人墓地、聖荷西（San Jose）、奧爾邦（Auburn）和費斯奴（Fresno）的唐人街遺址得以保存，即屬極少數的例子。

儘管資料缺乏，海外華人史研究在近二三十年也有可喜的發展。在大中華以至海外地區的學術界，從事這方面研究的學者的湧現、大學相關課程的設立、資料搜集和實地考察計劃的開展等漸成趨勢。在社會大眾方面，海外華裔社群近二十年興起尋根熱，探訪地方遺址以至祖輩在中國的原居地的歷史考察活動漸多[5]。隨着中國的對外開放，國內僑鄉的華僑後代對先人在海外的經歷、遭遇和生活的歷史也產生莫大興趣[6]。

然而，大眾對華人歷史的興趣加上資訊的發達，促成了一個新現象，就是不少人把個人所「見」所「聞」，甚至未經查證的「研究成果」，放在網上快速流傳，隨之廣被徵引，積非成是，形成不少歷史敍述的誤區，對公眾史識的普及非僅無益，而且有害。此等不專業和不嚴謹的作品，對學界而言，也是極大的困擾。

香港商務印書館邀約我們主編「海外華人新史」叢書，並啟動系列的出版，就是要秉承其重視歷史承傳的傳統和使命，建立學界、文化界

和出版界合作的平台。我們擬定有關課題不難，但物色有分量的作者則非易事。可幸的是，現已有近十本專書納入計劃，於 2015 年開始陸續出版。我們先推出中文書籍，乃因海外華人史的中文著作不多，唯不乏以英文撰寫的學術研究成果。因此，我們除了邀約作者用中文撰寫新書外，亦會翻譯有代表性的英文著作，或徑邀英文書原作者親自修撰中文版。中、外語文能力和中、外文資料的掌握，對治海外華人史這個雙語境或多語境領域的重要性已受到關注，跨越語境所產生的新意可帶來突破已非僅是若干先知先覺者的看法而已 [7]。

叢書的特點如下：

範圍與海外華人歷史有關，主題、內容和形式多元化。

作者均為學者及研究者，作品乃其學術研究的結晶，信而有徵。

盡量搶救早期歷史，不忘華僑史與華人史的關係，以抗衡文物、文獻嚴重散失或被誤引所造成的損害，勉力保全歷史資料原貌和故事本身。

學術性與可讀性並重，讓叢書成為學界與讀者之間的橋樑。學術性的要求是為了確保資料翔實，論述嚴謹；可讀性強則能引起公眾對海外華人歷史的興趣。有關內容甚或可用作文化及深度旅遊的參考材料，並有知識轉移的效果，令公眾得益於學界研究，史識得以普及。

叢書重視專題和個案，發掘分佈海外、乃至全球的華人事跡和故事。只有集攏起來，才能全方位彰顯海外華人史的面貌，故叢書將陸續出版。專題個案中的實物圖像和故事性，則有利於史實的活現，亦可補充過去通概式華僑、華人史的不足，增強可讀性，提高社會大眾對歷史的感性認識和理性思考。

目前已邀得作者撰寫並納入叢書出版計劃的第一批專書（以下書

名為暫定）包括：《洪門與加拿大洪門史論》（乃以洪門史為切入點的華
僑史和加拿大華人史）、《美洲同源會百年史》（論述美洲重要華人社團
同源會的歷史，這是有關該社團的第一本專著）；《母親金脈上的中國
人 —— 非立當鎮（Fiddletown）與阿瑪多郡（Amador County）華人歷史》
和《軒佛（Hanford）唐人巷》（分別以前人研究未及的地方個案，重現美
國加州淘金及築路時期的華人生活面貌）；《圖説舊金山唐人街》、《芝
加哥唐人街》、《波士頓唐人街》和《美洲西北岸華裔早期历史》（乃區域
性及大城市的華人社會史，以當地一手資料為據）；《遠涉重洋 · 魂繫中
土：早期北美華僑原籍歸葬的慈善網絡》（屬專題史，涉及海外華人的
網絡及其樞紐）。尚在約稿過程中的包括東南亞和澳洲、紐西蘭等地的
個案，以及香港的角色等研究成果。這些專書的主題，正好反映了叢書
內容和形式的多樣化。

　　只有多樣化的內容，方能涵蓋海外華人這個極具多元性和複雜性
的課題。單是「華人」一詞，便一直與「華僑」、「華裔」、「華族」等糾
結不清[8]。如果「華僑」、「僑居地」等稱謂指涉的是暫時的離家或移居
外國，而「華裔」或「華族」則意指已離開中國並長留定居國的中華族
裔的話，也許「華人」一詞具有較大的包容性。故本叢書雖以「華人」
為題，個別專著所述卻不一而足，因編者深知，愈能多樣化、內容愈豐
富，才有比較研究的基礎。我們自己也常遠涉重洋，物色和聯繫作者，
並追尋先僑足跡。是故，所謂「新史」，意義之一乃新個案、新課題的
發掘和累積，寄望不久的將來便有比較研究的著作面世，不論是定居地
各華人社群的比較，抑或定居地之間的比較，如美洲與大洋洲、亞洲等
地華人社會的比較[9]。編者現先在此為叢書下一批作品徵稿。

　　為建立堅實的比較研究基礎，叢書在第一階段盡量出版新個案，各書的研究取徑容或不同，無論是社會史角度、文化認同或其他進路，均能對既有研究有所補充[10]，也可能在當世的跨地域和全球化新趨勢刺激下引發反思。其實，自本世紀初，一向以華僑史、僑鄉史研究著稱的地方已有呼籲，要結束孤立地研究華僑史的狀況，建議將中國近代移民史視為發生於世界移民史上第二個高潮時期的現象[11]。自上世紀末至今，海內外學界對跨國和全球屬性的論述，造就了研究方案上的跨國和全球轉向，為使海外華人史不再滯留在中國史或各所在國歷史的邊緣地位[12]。例如，在跨國層面，有美國和加拿大的跨境比較，以至「美洲的太平洋史」研究課題的提出[13]。至於全球層面，有論「新全球化」與中國近代移民史的關係者[14]。在跨國與全球視野方面，有論跨國論述對族群論述的影響者；也有從資本主義的全球發展看資本、資訊和人口的跨太平洋移動的論者，不一而足[15]。可以肯定的是，這些新概念都對海外華人史的研究和撰述發揮影響力；而跨國及全球史的有關理論無論涉及的課題是全球經驗、全球網絡或其他[16]，都是海外華人新史範式建立時必須汲取的學術資源。

　　可預期的是，「海外華人新史」叢書系列除了提供新個案、新專題外，還可以在視野、方法、取材等方面作出貢獻。如前所述，無論個案或專題研究，都難免受到當代的跨國和全球視野影響，卻也無礙在地性或族群性的展現，因宏觀詮釋與微觀分析並非對立；而整體史的求全性常引領我們回到過去，以推論將來。無論我們所研究的華人社群是否已消失，其生與滅都對我們當下的存在或未來的去向有所啟示。「未來中的過去」[17]或「過去與未來變成現在」[18]，此之謂也。我們探索的仍是

中國、移居地社會以及全球歷史進程對海外華人的深刻影響。這個領域的「新」，乃因其歷久彌新、方興未艾的特性，也由於史學在方法學、史料學等方面的不斷更新。例如，回到歷史現場的田野考察法、兼用檔案文獻和實地採訪所得資料的要求等都在影響着海外華人史的研究。但願這個觸覺敏銳的叢書系列有助學界的交流，以及學界與公眾的互動，讓彼此在交流和互動中日日新、又日新。

葉漢明 吳瑞卿 陳萬雄　謹識
2015 月 3 月 30 日

註

(1) 早在上世紀後期，已有人類學家為海外華人研究建立民族志範式，以華人社區為分析單位。有關著作包括陳祥水《紐約皇后區新華僑的社會結構》（台北：中央研究院民族學研究所，1991）等。對這種人類學式研究所作的檢討見李亦園〈中國社會科學院海外華人研究中心成立並舉辦「海外華人研究研討會」祝賀詞─兼論海外華人研究的若干理論範式〉，載郝時遠主編《海外華人研究論集》（北京：中國社會科學出版社，2002），葉春榮〈人類學的海外華人研究：兼論一個新的方向〉，《中央研究院民族學研究所集刊》，75 期（1993）等。至於取社會史進路的作品，則有吳劍雄的紐約及匹茲堡個案研究，見氏著：《海外移民與華人社會》（台北：允晨文化實業股份有限公司，1993）。對「華人社會」概念的討論，參王賡武：〈海外華人研究的地位〉，《華僑華人歷史研究》，2 期（1993）。

(2) Gungwu Wang, "Migration History: Some Patterns Revisited", in Gungwu Wang, ed., *Global History and Migrations* (Boulder, Colo. : Westview Press, 1997)；Gungwu Wang, "Migration and Its Enemies", in Bruce Mazlish and Ralph Buultjens, ed., *Conceptualizing Global History* (Boulder, Colo. : Westview Press, 1993).

(3) 關於華僑、華人等概念的討論，見王賡武著，趙紅英譯〈單一的華人散居者？〉，《華僑華人歷史研究》，3 期（1999），及氏著，吳藜譯〈移民地位的提升：既不是華僑，也不是華人〉，《華僑華人歷史研究》，3 期（1995）。

(4) 香港就是這類中介地的表表者。見 Elizabeth Sinn, *Pacific Crossing: California Gold, Chinese Migration, and the Making of Hong Kong* (Hong Kong: Hong Kong University Press, 2013).

(5) 如近年美國三藩市灣區華裔族群的尋根活動。

(6) 例如，歸葬祖墳的痕跡雖難以追尋，中國政府和民間對為華僑歸葬而建的義冢都曾加以保護，並肯定其教育作用。

(7) 參單德興：〈序一：亞美研究的翻譯：越界與扣連〉，載梁志英等主編《全球屬性，在地聲音：《亞美學刊》四十年精選集》（上）（台北：允晨文化實業股份有限公司，2012）。

（8） 同註 3。

（9） 有關呼籲見王賡武著，譚天星譯〈海外華人研究的地位〉，收入劉宏、黃堅立主編：《海外華人研究的大視野與新方向 —— 王賡武教授論文選》（River Edge, NJ: Global Publishing Co., Inc.,2002），頁 61，68。

（10） 關於海外華人研究的有關範式，見李亦園前引文；參王賡武《中國與海外華人》（香港：商務印書館，1994）；陳志明〈華裔和族群關係的研究 —— 從若干族群關係的經濟理論談起〉，《中央研究院民族學研究所集刊》，69 期（1990）。

（11） 邱立本《從世界看華人》（香港：南島出版社，2000），頁 3。

（12） 前引王賡武著，譚天星譯〈海外華人研究的地位〉，頁 75；劉宏〈跨國華人：實證分析與理論思考〉，《二十一世紀》，71 期（2002）；陳勇〈正視海外華人研究的重要性，拓展中國歷史學的國際視野〉，《華人研究國際學報》，6：2（2014）。

（13） H. Yu, "Towards a Pacific History of the Americas", *Amerasia Journal*, 33: 2（2007）.

（14） 前引 Gungwu Wang, "Migration History: Some Patterns Revisited", p. 5.

（15） 例見 L. Ling-chi Wang, "The Structure of Dual Domination: Toward a Paradigm for the Study of the Chinese Diaspora in the United States", *Amerasia Journal*, 21:1（1995）.

（16） Bruce Mazlish, "An Introduction to Global History", 見前引 Bruce Mazlish and Ralph Buultjens, ed., *Conceptualizing Global History*.

（17） 王賡武著，錢江譯〈海外華人：未來中的過去〉《華僑華人歷史研究》，4 期（1999）。

（18） 梁志英著，單德興譯〈序二：過去與未來變成現在〉，載梁志英等主編：《全球屬性，在地聲音：《亞美學刊》四十年精選集》（下）（台北：允晨文化實業股份有限公司，2013）。

編者序

　　本書作為「海外華人新史」叢書系列之一，其別出心裁處有以下幾方面。

　　正如本系列總序所強調，「海外華人新史」之「新」，在於取材、方法、視野等方面。黎全恩教授積四十年治美國和加拿大華僑、華人、華埠史的研究經驗，深悉早期華僑史與洪門史息息相關的現象，仍孜孜不倦作出補充，以求窮盡史料，務使翔實有徵；又親臨歷史現場考察，並深挖檔案等原始文獻，以補前人論述。是書重點在加拿大洪門的特色，但作者認為仍有需要對洪門作追本溯源的考述，故特遠赴英倫翻查《西魯序》及《西魯敍事》手抄本，且對洪門起源傳說、名稱、派別、儀式、秘語、隱句、認證、年號、武術等作考證，並闡釋洪門史與中國史的關係。作者在前言中說他不是洪門人士，所謂「不是圈內人，不知圈內事」，可幸的是，「圈內人」給他提供不少「圈外人」不易獲得的訊息和資料。況且，我們如能採用人類學那種對研究「他者」時應有的謙虛態度，則我們的研究仍具學術的合法性，也許還可加添幾分客觀性，而邇來歷史研究已愈重主觀性與客觀性間的微妙關係。

　　是書下篇所專注的加拿大個案，尤為黎氏專研範圍所及。以洪門史為切入點的華僑、華人史研究者都肯定不同地區的歧異性。例如，

美國和加拿大為比鄰二國，其對比情況就值得細究。相信此書可引發不少後續研究，具體問題包括加國洪門史對孫中山及國民黨與洪門的錯綜複雜關係的解釋力、加國達權社的歷史與美洲洪門史的關係、由「堂」轉「黨」的過程中美國與加拿大洪門的比較及其對世界洪門史研究的啟示、《大漢公報》及《洪鐘時報》作為洪門史與華僑史資料的價值比較等。在這些方面，此書都為我們開啟了無限深化研究的空間。對本序作者而言，饒具啟發性的還有以下內容。

有云：「華人走到哪裏，洪門就被帶到哪裏」，「凡有華僑的地方，莫不有之」。洪門的存在，也因早期華僑在海外面對僑居地各種困厄時，有自衛和互助的需要。及後洪門發展成正式慈善機構，並取「共濟會」英文名稱 Freemasons 的一段歷史的意涵，尤值得深究。匪夷所思的變化還有本以陽剛氣見稱的洪門近年竟有由女性掌舵的現象。從性別角度分析洪門的學術著作絕無僅有，黎書追蹤加拿大洪門的發展，直至當下，而各種新現象的歷史解釋，仍有待致力開展海外華人新史研究的學者提供。

加拿大華僑史與洪門史的特色，也關乎晚清革命與加國華僑的關係，例如，溫哥華埠（Vancouver）洪門機關報《大漢日報》（後改名《大漢公報》）延聘同盟會的馮自由為總編輯。辛亥年孫中山親赴加國募集軍費時，得多埠的洪門致公堂變賣公產響應。全球華僑支持廣州黃花崗之役的餉款中，就以加國所籌者為多。本書作者早在上世紀七十年代已藉研究華埠和中華會館的機會接觸到加國洪門及致公堂支持辛亥革命的資料。他受託整理的原始資料，更非一般「圈外人」所能涉獵。為進一步搜尋加國洪門早期資料，他在八、九十年代又不厭其煩地走訪

加國著名洪門地標，足跡遍及百加委路（Barkerville）、茂士（Quesnelle Mouth, 今 Quesnel）、福士（Quesnelle Forks）等地，復以地利之便對域多利（Victoria）致公堂的沿革作出梳理。除作實地考察外，也獲訪問「圈內人」的難得機會。相信讀者可憑他的指引對各課題作出研判。尤望本書能為兼重文獻和田野調查的海外華人新史研究發揮啟導作用。

葉漢明
2015 年春
於香港中文大學歷史系

前　言

　　孫中山反清革命，曾獲得華僑之支持及籌款協助，因此記述華僑史不能缺少華僑對辛亥革命的貢獻，華僑中的洪門會員出錢出力，犧牲極多。例如光緒二十六年（1900年），三合會領袖鄭士良率六百位洪門會員，與孫中山舉事於惠州，卒因乏餉械接濟而失敗，以後多次起義的主要義士如許雪秋、鄧子瑜、黃明堂、王和順、關仁甫等，均為洪門領袖。

　　孫中山於1903年加入洪門，被委任「洪棍」之職，宣統三年初（1911年），孫中山往加拿大，加拿大洪門致公堂派人陪同及保護孫中山，走遍全加，宣傳革命及籌款。加拿大域多利致公堂及溫哥華致公堂，將樓宇按押借款，匯給黃興，作為起義軍費。黃花崗起義失敗，加拿大多倫多致公堂將樓宇賣去，電匯萬元往香港，逃往香港之起義志士，始得川資他去。宣統三年八月十九日（1911年10月10日），洪門會員黃興等，在武昌起義。加拿大洪門立即設籌餉局，四出籌餉，協助革命。加拿大洪門共匯回國之軍餉達二十餘萬元，支持復國運動，協助中華民國之成立。因此，要研究加拿大華僑史，必須了解加拿大洪門致公堂之歷史。目前有些華人社會，聽見「洪門」二字，便視為「黑社會」，這是一個誤解。其實洪門在中國台灣、加拿大、美國等地，都是合法社

團，大家有互相交流。例如 2014 年 3 月 31 日，古巴洪門民治黨善飛咕省支部，往訪廣東省開平縣。是年 5 月 20 日，中國致公黨中央副主席王珣章一行六人前往訪問溫哥華洪門領袖。本書目的是使讀者真正認識和全面了解「洪門」和「加拿大洪門致公堂」的起源和運作。它們的歷史，是華僑史重要組成部分。

我在香港讀書時，不知道「洪門」是甚麼組織。1964 年，我獲得英國聯邦獎學金，赴倫敦大學就讀博士學位。我研究中國棉紡織業發展史，差不多每天要去英國博物館檔案館，參閱館內收藏的中國文獻。偶然看到洪門手抄的《西魯序》、《西魯敍事》及其他秘密文獻，才知道洪門三合會，即是洪門天地會，是一個反清復明的地下組織，是一個民族革命團體，為中國提倡排滿革命的始祖。孫中山和一些著名革命領袖，如黃興、陸皓東、尤烈、陳少白、王和順、鑒湖女俠秋瑾等，均是洪門昆仲。其後很多國民黨將領，也是洪門人士，例如 1932 年淞滬抗日的蔡廷鍇將軍，為洪門大哥。共產黨朱德元帥，年輕時為哥老會會員。

1967 年我獲得博士學位後，返回香港大學地理地質系任教，有些以前之學生任職警署，他們給我很多有關香港洪門的資料。我於 1968 年移民往加拿大，在域多利維多利亞大學地理系任教，1970 年，開始研究加拿大唐人街城市發展問題及加拿大華僑移民史，發現中華會館內還收藏大批 1884 年以後的歷史文獻。1909 年前，清政府還沒有在加拿大設立領事館，於 1884 年批准域多利華商成立中華會館，管理全加拿大華僑對外及對內工作。（1910 年代前，90% 加拿大華僑居住於卑詩省，而域多利為卑詩省省會，其唐人街華人人口及商店最多。）因此域多利中華會館，差不多擔任清政府領事館工作達 25 年之久（1884−

1909），管轄全加拿大華僑。1970 年 9 月，中華會館主席林樹森先生，准許我翻閱會館之文獻。昔日文獻，雜亂無章，放於數個紙皮箱內和一些書櫃內，藏於會館潮濕地窖。我獲得維多利亞大學之社會研究中心一筆研究基金，聘請中華會館書記李東海先生為研究助理，複印一些重要文獻，並進行分類及翻譯一些文獻為英文，初步整理工作於 1972 年完成。經中華會館主席劉述堯先生及會館理事會准許，與維多利亞大學圖書館安排，將一部分文獻小心保存於大學圖書館的檔案部內，以供外界學者參考及研究。劉述堯主席於 1972 年委任我為中華會館顧問，負責文獻工作。這項中華會館文獻整理研究，使我首次知道加拿大洪門致公堂之歷史，是加拿大華僑歷史中重要部分。

1971 年後，我開始對研究唐人街產生興趣，並獲得維多利亞大學一筆域多利唐人街研究基金，復閱域多利唐人街內每間樓宇地契，研究由 1858 年至 1971 年之唐人街業主購買和轉讓契約，證明很早期已有華商投資地產，推翻一些西人著述的觀點，稱華人很窮，沒有錢買屋，要居住於髒亂的貧民地區。這項研究，使我發現了很寶貴的洪門資料，尤其是致公堂按揭樓宇，借款資助孫中山黃花崗起義，加拿大洪門對辛亥革命的貢獻，引發我進行洪門研究的興趣，往各埠拜會當地洪門領袖，了解洪門歷史，更在各處蒐集洪門之今古軼聞。接着認識域多利達權總社社長周逸經、陳錦煌和林樹森，使我對洪門致公堂有更深入的了解。林樹森兄畢業於浙江大學，與我有很多共同話題，十分投契，成為摯友，我每年皆被邀請參加域多利洪門的慶祝晚宴。

卑詩省傳承地產局（Provincial Heritage Property of British Columbia）管轄百加委路省立公園，於 1988 年和 1989 年，聘請我往百加委路，整

理他們所收藏的洪門文獻，並進行初步翻譯的工作。這項工作，使我能看閱昔日只有洪門兄弟才能看閱到的秘密文件，更使我知道洪門在加拿大的早期歷史。在一次宴會上，我遇見一位由三藩市來的西人資深共濟會會員，他說三藩市之致公堂於 1920 年開始取用 Chinese Freemasons 的英文名稱。

過去五十多年來，我蒐集了很多有關洪門和加拿大洪門的歷史資料，英國博物館檔案館內之洪門文獻，已轉收藏於英國圖書館，我萬分感謝香港中文大學歷史教授葉漢明博士支持，使我能於 2014 年 4 月底往倫敦，在英國圖書館詳細閱讀及抄寫洪門文獻，十分多謝英國圖書館 Ms Sara Chiesura 女士及 Ms Carlos Garcia-Minguillan 女士的協助，蒐集館內有關洪門的史料。

有關於加拿大洪門的歷史，我全倚靠閱看百加委路及其地各埠所收藏之加拿大洪門文獻和加拿大中國洪門民治黨懇親代表大會紀念特刊，並拜讀及聽取加拿大洪門領袖的文章及講話，得益不少。我不是洪門人士，正所謂「不是圈內人，不知圈內事」，蒙全加洪門達權總社社長陳德光、全加洪門民治黨總部主委鄭炯光、全加洪門盟長郭英華、洪門民治黨溫哥華支部主委姚崇英、溫哥華洪門達權支社監督廖敬賢博士提供資料和圖片，並看閱更正初稿，使這書更完美、充實和準確。萬分多謝其他市埠之民治黨領袖指示及供給資料和圖片，書內已列明他們的職位及姓名，在此不重述。蒙全加洪門盟長郭英華和曾任洪門民治黨溫哥華支部秘書許小珠女士，看閱本書初稿，更改錯誤及提供寶貴意見，特此衷心鳴謝。感謝梁笑媚和賈葆蘅女士提供部分圖片，多謝張國雄先生、賈葆蘅女士及熊華鏗、張基榮先生，幫助我解決用電腦書寫中

文的問題。最後，謹以此書，敬賀加拿大洪門達權總社於 2015 年慶祝成立 100 週年紀念。

我患有肝癌，不知能生存多久，希望未離開這世界之前，能將我的洪門研究，傳給後代學者和洪門兄弟參考和糾正。正所謂「勸今世，莫若口，傳後世，莫若書」，使外界了解洪門歷史和加拿大洪門對孫中山反清革命的重大貢獻，這是我寫這書的目的。

上篇

追本溯源話洪門

第一章 《西魯序》及《西魯敘事》所記述之洪史

「洪門」最早是一個反清復明的組織，成立於清朝康熙年間，當時是一個秘密會社，其起源及發展，沒有正式歷史記載，大部分來自口傳面授，含有以訛傳訛的故事，無可確證。例如英國倫敦圖書館收藏手抄本之《西魯序》和《西魯敘事》，同是記述洪門成立過程，但略有差異。《西魯序》稱：「康熙甲午年，西魯國犯界，擾亂中原，百姓徬徨，害及生靈⋯⋯」[1]但《西魯敘事》稱：「茲自康熙甲午年，西魯國王命大將彭龍天領兵打入中國，地方官兵不能取勝，直攻至潼關⋯⋯」[2]

加拿大域多利致公堂，秘藏一本《天地會洪順堂錦囊傳》。（圖 1.1）此秘本代名「衫仔」，昔日只有洪門高層人士可以看閱，普通洪門兄弟可能不知道這書之存在。錦囊傳內之《西魯序》稱：「且說康熙年間，西魯作亂，加兵入寇，侵入中原，擾亂百姓生靈⋯⋯」[3]《西魯序》和《西魯敘事》，還有其他手抄版本，有不同洪史之記述，但只是大同小異而已。茲將不同記述的傳說，綜合記述如下。字句有些更改，但意思不變，但我會加上註解。

康熙五十三甲午年（公元 1714 年），西魯國王[4]派兵入侵中原，擾亂百姓，朝廷大將出戰，屢戰屢敗，大臣建議康熙，出下皇榜，招納

圖 1.1《天地會洪順堂錦囊傳》

四方英雄，有能平西魯者，賞千金，官封萬户侯。福建福州府盤龍縣九連山少林寺，有 128 位僧人，僧侶前往揭下榜文，請看榜官奏上聖駕，願意出征，平西魯，為民除害。僧人面見康熙皇，康熙封他們為平西魯將軍，賜寶劍一把及三角印信一個，寶劍上有「家后日山」四字，鐵印信，重 2 斤 13 兩，有「日山為記」四字[5]。康熙並命鄭君達（鄭成功胞姪）為解粮官。於是眾僧領旨出討西魯，不賴清廷兵將，打敗西魯，將番人驅出中原，得勝回朝。眾僧返回京城，入朝俯伏丹墀口，不接金帛爵祿，回寺修行。康熙封鄭君達為鎮守湖南將軍，即日領旨起行。

　　僧侶返回少林寺，多年無事。其後老奸臣張建秋與陳文耀進詭清帝，妄說少林寺僧侶文有出鬼入神之策，武有驅豹逐虎之能，只不過 128 人出戰，便能殺退西魯。鄭君達與少林寺僧侶有八拜之交，現操兵權，一旦有反心，與僧侶夾攻京城，誰能抗拒。清帝聽從陳文耀之計，命陳文耀帶兵往湖南，稱鄭君達與少林寺僧侶，有謀反國之心，賜他紅羅自縊。鄭君達死後，其夫人郭秀英，子鄭道德，親妹鄭玉蘭[6]，及外甥鄭道芳，往投少林寺。

　　清帝又命張建秋於來春正月十五日上元佳節，帶兵往剿滅少林寺，假稱帶御酒賞賜僧侶[7]。清兵將進廣泉地方，遇見御夫馬寧兒（又名馬福儀）。馬寧兒曾為少林寺僧中武藝排列第七名，故稱亞七。曾調戲鄭君達妻子郭秀英及妹鄭玉蘭，打爛少林寺萬年寶燈，又多次犯寺規，智通大師屢誡不聽，卒責打他洪棍五百，驅他出寺院，故馬寧兒深恨少林寺。知道張建秋奉旨往剿滅少林寺後，於是帶他往少林寺，一則可報私仇，二則可獲朝廷重賞。張建秋到少林寺外，吩咐士卒，依計火燒少林寺。眾僧迎接張建秋入寺，大排齋筵，將王封御酒打開，所見

黑氣沖天，毒不堪聞，接着寺外火光沖天，僧侶無路可逃，被火燒死者110人，尚存18僧人，後佛祖命朱江和朱開二仙下凡，化成黃黑二路，救出18位難僧，逃出山崗。[8] 眾僧在途中遇見馬寧兒，正要殺此叛徒[9]，但清兵蜂擁而來，眾僧逃走至廣泉地面，將近長沙灣口，狂風大雪，其中十三人經不起風雪飢寒而死，只存五僧，蔡德忠、方大洪、馬超興、胡德帝、李式開（為日後洪門人士拜祭之前五祖）。[10]

五僧逃至河邊，覓渡過江，幸遇吳廷貴、謝邦恆，救回舟中安身。五僧寄居吳廷貴、謝邦恆家中。後遇黃昌成夫妻，投宿福建高溪村（今屬雲霄縣）靈王廟內。在靈王廟附近的湖尾（又名港尾）散步時，忽見河邊有一個青麻石的白錠香爐，有兩耳三足，重五十二斤又十三兩（意是「五湖，南北二京，又十三省」）。爐底有「反湖復泊」四字（意即是「反清復明」）（圖1.2）。寶鼎四面刻着「順天行道」。五僧立即跪下，祝告天地，誓曰：若我少林寺日後有報仇之日，花碗拋上空中跌下不碎。果然拋上三次，皆跌下無破。並以草為香，樹枝為蠟燭，插在爐心。

洪門詩曰：「白錠香爐水面浮，五人執起報冤仇，留落洪門來啟後，插草為香在裏頭。」見有錦囊一個，五僧觀看，說道「定有報仇之日」。[11] 說還未完，清兵追到，五僧突圍逃出。

五僧逃至烏龍江，朱江朱開二仙將刃刀放在江上，化作一座二板浮橋，五僧行橋過江。[12] 五僧中途遇見鄭玉蘭、郭

圖 1.2

爐底「反湖復泊」

秀英及鄭道芳，在墳前拜祭鄭君達，清兵追到，墳頭上忽然冒出一枝桃李木寶劍（又名姑嫂劍），劍頭二龍爭珠，劍尾有「反清復明」四字，僧人拔起寶劍殺退清兵。[13] 適五位山東販馬商人吳天成、陶必達、洪太歲、李式大、林永超（為日後洪門人士拜祭之後五祖）[14]，在此經過，與五僧志同道合，同至靈王廟，結拜盟誓，立共生死之交，共商反清大事。五僧由福建逃走至廣東省惠州府石頭縣高溪廟居住。[15]

陳近南曾在清朝任翰林院大學士，因朝廷奸黨太多，故退隱居湖北省白鶴洞修道。[16] 又有杜龍、杜芳、陶開、陳彪四位英雄，亦在此修行。五僧等眾人往白鶴洞拜見陳近南，請他為軍師，商討反清之計。返回普庵寺途中，又被清兵截殺。幸得湖北襄陽縣龍虎山五虎大將：吳天佑、方惠成、張敬之、楊文佐、林大江，搭救上山，並請五僧眾人在龍虎山居住三五個月，然後同到紅花亭招軍買馬，積草屯糧後，才計劃殺上京城。其後陳近南赴龍虎山，參加商討起義之事。

陳近南知陰陽通兵法，屈指一算，定雍正甲寅十二年（公元 1734 年）七月廿五日，齊集反清義士於龍虎山，在紅花亭內歃血為誓，[17] 定八月十五日子時起義，以「反清復明」為口號。陳近南督令陶開、陳彪為守府，杜芳為開路大將，吳天成、陶必達、洪太歲、李式大、林永超為後隊。途中東邊紅氣一陣，故以「洪」為姓，以「義」為號。統兵過浙江萬雲山，在該處岳神廟遇見平昌府芙蒲縣人胡提起，字和滿，法號萬雲龍禪師，身高丈餘，頭大如斗，手提雙龍寶棍，陳近南及諸將拜他為主帥，直往五鳳山清軍營地，陳近南大呼「順天行道，興仁義之師，殺無道之君，復回朱家天下」。萬雲龍領眾將大敗清兵，屢戰屢勝，殺至九月重陽，不料萬雲龍馬失前蹄，陷落岩石下，受箭而亡。葬於丁山

腳下，寅甲相向，地形八角圖，立墳墓碑，稱萬壽碑，碑云：受職少林寺，開山第一枝，達宗公和尚塔。碑上 16 字，每字左邊有三點水，共成 48 點水（圖 1.3）。[18] 萬雲龍身亡，洪門將領先後殉難。

　　起義不克後，陳近南占算清運未絕，乃曰：「現今清朝世界當旺，未應該絕，我等不若順天行道，待其氣運循環，那時起義未遲。爾等各處去招軍買馬，後會有期，吾亦返回白鶴洞修行。」於是各兄弟領命分散各地，隱姓埋名，各自開山立堂。用五色旗號、詩句、口白，取來日後為記。前五祖（蔡德忠、方大洪、馬超興、胡德帝、李式開）往福建、廣東、雲南、廣西、湖南、湖北、浙江等省。後五祖（吳天成、洪太歲、陶必達、李式大、林永超）往四川、貴州、江西、河南、陝西等省。五虎大將（吳天佑、方惠成、張敬照、楊文佐、林大江）以穆楊城（或寫木楊城）為記號[19]，往各處招集英雄，結異姓兄弟，以「洪」為姓，以「義」為號，「四海九州盡姓洪」，以忠心義氣、救國救民為宗旨。改立天地日月分派[20]，八拜結義：一拜天為父，二拜地為母，三拜日為兄，四拜月為嫂，五拜五聖賢，六拜萬雲龍，七拜結義兄，八拜萬年長（其後改為五拜五祖，七拜陳近南，八拜兄弟和順），發三十六誓。洪門兄弟創立洪門秘語，用來日後相認。聯絡詩句寫在會員「腰屏」（又名腰憑）上，內圈詩句：「五房分開一首詩，身上洪英無人知，此章傳得眾兄弟，後來相會團圓時」。外圈詩句：「一結洪門二

萬壽碑

渡深泓和滿潛

澗汕涕江溉

浸瀲沙淋洿

圖 1.3

結兄，當天盟誓表真情，長沙灣口連天近，渡過烏龍見太平，銅鐵成橋兄弟過，橋心望見穆楊城，松柏桃李分左右，忠節紅花結義亭，忠義堂前兄弟坐，城中點起百萬兵，福德祠前來起義，三十六人同家口，吾同家祖一同華，一片丹心無異同，總是洪門聚一家」。此詩將來為洪門兄弟聯絡之用。

乾隆三十七年（1772 年），洪英集合福建穆楊城，再圖起義。謝邦恆在穆楊城太平墟開設義合生果店，實為洪門招兵買馬之機構。[21] 鄭成功之孫鄭克塽，將祖父在台灣「開山立堂」（金台山及明遠堂）有關天地會的文件、名冊、印信等放入鐵箱封密，沉入海底。其後鐵箱被水流沖往廈門沙灘[22]，由漁夫陳壽亭父子在廈門海灘拾得，內有明王玉璽和《金台寶錄》一書（是反清復明之錦囊），兩物交由陳近南，近南大喜，決定於乾隆甲寅四十九年（1784 年）七月十五日，舉行升「斗」儀式，「斗」內載有前後五祖的旗幟，義軍統帥的代表信物等，再舉杆起義[23]。天佑洪又帶領數萬新丁前來投軍。[24] 陳近南見天佑洪勇猛，乃任他為開路先鋒，祭旗興師，直往南京，與清軍決戰。因兵糧不接，卒為清兵所敗，陳近南死後，洪兵退回高溪廟。乾隆丁未五十二年（1787 年），天佑洪以天為父，地為母，創立出「天地會」。又以天時、地利、人和之義，成立「三合軍」，為反清義軍。此後「洪門」又稱「天地會」或「三合會」。

雖然洪門各種傳說的文獻內容不同，但大同小異。如要研究洪門運作，必須熟識洪門的各種傳說，才能了解洪門的暗號、秘語、隱句、符號和入會儀式等。

註

（1） *Taoist Miscellany Chinese*, Oriental 8207.D., British Library, London, England.

（2） *Secret Catechism*, Oriental Ms 2339, British Library, London, England.

（3） 《天地會洪順堂錦囊傳》，光緒十八壬辰年（1892 年 1 月 30 日至 1893 年 2 月 16 日）刊登。光緒卅二丙午年（1906 年 1 月 25 日至 1907 年 2 月 12 日）重修，（91 至 133 頁）。

（4） 相傳西魯位於青海省，一說西魯是西藏。

（5） 一說三角鐵印信，上有「家后日山」四字。

（6） 有些文獻，稱鄭君達之妹名鄭玉蓮。

（7） 倫敦之《西魯敘事》記載：雍正十三年，鄧勝妄奏君王，説少林寺意圖謀反，昏君命他領御林軍三千，夜燒少林寺。

（8） 《西魯敘事》記載：僧侶 110 名燒斃後，只存 18 名僧侶，後得達摩尊者由雲端前來，化黃黑浮雲，乘載僧侶，逃抵沙灣。但另一傳説記載，18 僧侶，藏於大佛神台下，忽有一張黃綾寶傘，由樓頂降下，蓋在僧侶身上，始免於難。僧侶被困於神台下，後由蔡德忠用力打開一洞，將僧侶由大火中救出。（因此洪門入黨舊章儀式，有「冚被」節目，這張被當日黃綾傘挽救 18 僧侶之意；有「過火坑」節目，指僧侶逃出火坑重生之意。）

（9） 另一傳説，18 難僧在九蓮山遇見叛徒和尚亞七（馬寧兒），蔡德忠用飛鏢將他殺死。（叛徒亞七，忘恩負義，因此洪門至今以「七」為戒，以「吉」字代「七」字。入黨舊章儀式，有「斬七」、「洗奸」節目）。馬寧兒被誅後，清兵仍窮追不捨，18 僧逃至湖北省襄陽縣丁山腳下，又死去 13 名，只得 5 僧生還。

（10）《天地會洪順堂錦囊傳》稱二僧為方太洪（15 頁）。但加拿大洪門文獻稱二僧為方大洪，故採用方大洪。

（11）另一傳説五僧見江中浮起一座白錠香爐，取之回廟，是夜，香爐亮光閃爍，爐底出現「反清復明」四字，於是五僧效劉關張三人桃園結義，結拜天地，因在荒野，無香燭等物，故插草為香，取枯木二枝為燭，以花碗為筶，當天禱祝：若有反清復明之日，碗便不破，祝畢，將碗投於地，果然不破，故五僧復拜天

地為父母，盟誓反清復明，是為「天地會」之始。

（12）另一傳說五僧逃至烏龍崗丁山腳下，前面有一江阻隔，幸得朱江、朱開二仙將刃刀放在江上，化作二板浮橋，左為銅橋，右為鐵橋，使五僧渡江，五僧由福建逃至廣東省惠州府石頭縣高溪廟。因此洪門口白問答詩：「二板橋頭過萬軍，左銅右鐵不差分，朱家設下洪家過，不過此橋是外人」。又另一傳說，五僧逃至高溪廟旁的江邊，江上有清兵把守「二板橋」，乃向橋底偷渡。橋下浮起三塊大石，每石刻有一字：定、海、浮，五祖用此三石，跳過二板橋。因此洪門兄弟相認的一個秘密詩句問答是：問「橋下水深，爾能得過？」答：「結萬義兄，見我忠心義氣，放下三塊洪石頭，品字排，八字腳，三八二十一步，快者三步便過。」品字排，八字腳，三八二十一步，即暗示「洪」字。入黨舊章所載，新進黨員須跳過二板橋底之定、海、浮三石，紀念五祖過二板橋之艱難情況。

（13）另一傳說，五僧於高溪廟住半月餘，清軍聞悉，前來捉捕，五僧逃至三合河，河邊兩株桃李樹，忽凸出寶劍兩口，劍頭二龍爭珠，劍末有「反清復明」四字，適清軍趕至，五僧憑此桃李寶劍，殺退追兵。傳說鄭君達紅羅自縊後，其妹鄭立蘭及其妻郭秀英，被和尚亞七逼姦不遂，投江自盡，姑嫂二人，合葬於三合河，其墓發出兩株桃李樹，故所出之桃李寶劍，又名姑嫂劍。但這傳說，不存在一般洪門文獻內。

（14）有些文獻，稱後五祖第四位為李式地。

（15）一說高溪廟位於福建雲宵縣。

（16）未能確定陳近南是生存於康熙或雍正朝？或是由康熙末年至雍正年代。一傳說，陳近南原名陳永華，湖北人，曾為翰林學士，開罪清廷被黜。隱居白鶴洞修道，自號白鶴道人。台灣洪門相傳，陳永華是鄭成功的謀士。根據加拿大洪門盟長李德莊稱：「陳近南原是湖北人，康熙十二年（1673 年），癸丑，在四川雅州，以『漢留』組織（『留守中原漢土』之組織），開立精忠山，以後回主湖北，居於白鶴洞精研道教，自號白鶴道人，與萬雲龍交往，得遇五僧等會商舉義。」（李德莊盟長〈彰明昭著〉，《卡爾加里洪門民治黨 100 週年紀念特刊》，2011 年，第 47 頁）

（17）倫敦之《西魯敍事》記載：眾人抵廣東省惠州府石頭縣太平寨白鶴林岳神廟起義，時雍正甲寅十二年（公元 1734 年）七月廿五日丑時，歃血為誓，為天地會

創始日。擇定八月廿日出軍，與清兵交戰。

（18）倫敦《西魯敘事》記載：萬雲龍葬於五鳳山背左翼畚箕湖八角墩，高三尺，大廿一丈八尺三寸。號為八角營圖，坐東南向西北，金三角墓碑，碑名萬壽碑，上有十六個字，各有三點水，共成四十八點水。

（19）穆楊城東門寫着「忠孝節義」，西門寫着「振我民族」。

（20）倫敦之《西魯敘事》記載：雍正十二年，萬大哥故後，姚必達聯盟五虎大將，改立天地日月分派，父母兄嫂，別名叫姓，「興、旺、孫、唐」，記號挖土築城，名穆楊城。

（21）因此洪門入黨舊章儀式，有謝邦恆「買生果」環節，這指當日穆楊城再度起義之意。

（22）劉聯珂《中國幫會三百年革命史》，長沙，岳麓書社，2011年，第66-68頁。鐵箱內有天地會文獻稱《金台山實錄》，定名為「海底」。日後洪門之秘密會員花名冊，隱語為「海底」或「金不換」，只有洪門高層領袖擁有。

（23）舉行升「斗」儀式，日後為洪門新會員入黨儀式的一項環節。

（24）傳說明末崇禎皇之侍臣王承恩隨崇禎皇吊死於煤山，其屍拖出於曠野，靈魂無安居之處。適洪門先鋒蘇洪光病逝不到一天，達摩先師將王承恩靈魂，放在蘇洪光軀體，借屍還魂獲重生。將蘇洪光改名「天佑洪」，以符合天意。（洪門粵劇形式加盟儀式為「大首本」節目，表演穆楊城起義，天佑洪領軍入洪門情形。）

第二章 「洪門天地會」起源之傳說與考證

「正史」並沒有記載「西魯侵華」、「火燒少林寺」、「萬雲龍龍虎山起義」、「起義失敗後，陳近南設立天地會」等事。在清初文字獄壓迫下，洪門反清的工作只有採用「地下」幫會形式，避免禍及妻兒，不用文字記載，以免落入官方，成為罪證把柄。所以一切指令、消息傳遞，皆用口傳面授，不留痕跡。其後洪門後輩，將口傳下來的片段，用模糊及倒亂字句記載下來，加上故事和神話，因此各處洪門歷史文獻，有不同記載，口耳相傳，輾轉訛異。例如洪門天地會創立日期，傳說紛紜：順治元年甲申年（1644 年）、康熙十三甲寅年（1674 年）、雍正十二甲寅年（1734 年）、乾隆二十六辛巳年（1761 年）、乾隆三十二年丁亥（1767 年），孰是孰非，真的難以鑒定。

最早洪門的研究，可能是由西人開始，中英學院校長 Dr. William Milne 於 1825 年發表一篇為名《三合會》的文章[1]。由洪門文獻抄出一段詩句：「兄弟全陳，各有號頭，高溪分派，萬古有傳」，這證明十九世紀初，天地會已由中國發展至東南亞各地，各派系以「結萬為記」。R. Morris 於 1834 年將三合會文獻翻譯為英文。[2] 1840 年，駐印度馬德拉斯（Madras）軍人 T.J.Newbold 中尉和 F.W.Wilson 上將，發表一篇

文章《中國秘密三合會的天地會》[3]。此外，蘇門答臘島（Sumatra）的警察，於 1863 年在巴東（Padang）市內一間華人屋內，搜出一批天地會的文獻，詳述天地會的起源、暗語、記號等。翻譯官 Gustave Schylegel 根據這文獻，於 1866 年寫了一本《天地會》[4]。其後英政府在新加坡和馬來西亞等地，又發現很多中國秘密會社的文獻。福州海關英國人 W. H. Pickering，能操福建方言，加入福建義興會後，於 1878 年寫了《中國秘密社會的起源》[5]，J. S. M. Ward 和 W. S. Stirling，1926 年合寫了《洪社會》[6]。

早期研究洪門的中國學者，對洪門及天地會起源，有很多不同的説法。例如陶成章所著的《教會源流考》（廣州中山大學歷史語言研究所，1928 年），稱明延平郡王鄭成功，於順治十八年（1661 年）襲取台灣，驅逐荷蘭人。在金台山創立朋遠堂，因明太祖年號「洪武」，故取「洪門」為會名。召集不少洪門兄弟，宣傳抗清。並派部將蔡德忠、方大洪、馬超興、胡德帝、李式開等，喬裝至福建九蓮山少林寺，依附寺內武藝精通的僧侶。雖然洪史稱他們為五僧，但他們只有俗家名字，並沒有法號。鄭成功死後，《金台山實錄》及花名冊交由其子鄭經立，鄭經立患病死於台灣後，其子鄭克塽承繼洪門反清工作。清廷派提督施琅率兵攻台灣，於康熙二十二年（1683 年）滅鄭克塽。由此證明「洪門」創立於康熙朝代。

溫雄飛的《南洋華僑通史》（1929 年）説，延平王鄭成功據台灣後，民事委於謀士陳永華策劃各事。鄭成功於康熙元年（1662 年）死後，陳永華於康熙十三年（1674 年）創立天地會於台灣，利用清兵入關，殺害明臣等歷史史實，改寫為西魯入寇，焚燒少林寺等故事神話，直接向下

層社會宣傳反清活動。因為神話傳說，會在民眾腦海中留下深刻印象。陳近南實為陳永華之自託。

另一傳說，史可法戰死後，多爾袞屠城，歷史上之「揚州十日」、「嘉定三屠」，殘殺漢人無數。史可法之勇將蔡德忠、方大洪、馬超興、胡德帝、李式開等，突出清兵重圍，後在台灣與鄭成功會合，並奉命返回中原，喬裝至福建蒲田縣九連山少林寺，被寺院主持智通大師收為徒，與寺僧 128 名共聚練武，並聯絡明代忠良，秘密結盟，策動反清復明之活動。

但另一說法，天地會會員嚴烟，由福建往台灣，結識林爽文，介紹洪門組織及反清事跡，於是在乾隆四十八年（1783 年），在台灣組織洪門。乾隆五十一年（1786 年），林爽文領導洪門起義，不出半年，佔了半個台灣島，林爽文改乾隆五十一年為天運丙午年，清廷要派幾十萬清兵，才能平息起義，林爽文被捕受斬。一說鄭成功部下五將（蔡德忠、方大洪、馬超興、胡德帝、李式開），由台灣潛返福建省，隱託少林寺僧侶，進行反清地下活動。寺院被焚後，五僧逃難，創造各種神話傳說，赴各地聯絡鄭氏舊部，秘密進行活動。

孫中山先生加入洪門後，曾詳述洪門源流，說昔日士紳為官吏之耳目，官吏為清政府之爪牙。因此反清復明義士，把民族思想寄託在一般下級社會和江湖豪傑的手裏。故洪門用口號暗語，以鄙俚粗俗之言以表之。結合團體，以博愛施之。手足相顧，患難相扶，此最合乎江湖遊士、無家遊子之需要。洪門的歷史，在滿洲專制下，不用文字，只用口頭傳下來的片段故事。[7]

北京《華聲報》新聞報導[8]，根據近幾年的多次考察所發現的資

料，證實洪門天地會經典所載南少林寺，位於福建省莆田縣西天尾鎮林山村林泉院遺址。林泉院（即南少林寺）建於唐貞觀年間，興盛於宋代，並有僧侶駐寺。在清初，為洪門天地會反清復明的據點，因而被燒毀。如今西天尾鎮林山村周圍，散存着大量南少林寺的殘碑、石槽、鱉池、地道及武器等，足以證明林泉院就是南少林寺。還有大量能夠證明以「反清復明」為宗旨的洪門天地會，以此為中國並與南少林寺有密切聯繫的實物：紅花亭、將軍廟及地道等。上海市著名氣功師胡永顯，為南少林第十九代嫡傳弟子，曾親臨林泉院遺址考察，認定林泉院就是南少林寺遺址。

南京大學歷史系蔡少卿教授翻閱兩廣、浙、閩等省總督之上諭及其他歷史檔案，研究洪門天地會之起源，其研究心得發表於《北京大學學報》。[9] 根據蔡教授的研究，清廷首次知悉天地會活動，始於乾隆五十一年（1786 年）十一月，林爽文領導「天地會」會員，於台北彰化縣大里杙村起義反清，二十七日攻陷彰化城，轉攻諸羅、淡水。此次起義，清廷動員七省兵力，達六萬之眾，歷時一載以上，至乾隆五十三（1788 年）年三月，始鎮壓暴亂，此為正史記載「天地會」第一次起義。事後清帝傳諭，兩廣、閩、浙、四川各省總督，徹底追查天地會之根源。

乾隆五十二年正月二十日官員的上諭，稱於五十一年十二月十二日，清軍取回彰化城後，擒獲「天地會」起義副元帥楊詠（又名楊振國）。據他供詞：「廣東省有個姓洪的和尚，叫洪二房，與一位姓朱的人創立天地會。洪二房和尚，住後溪鳳花亭，不知是何府何縣地方。」清政府首次獲得追查天地會之線索後，乃出諭兩廣總督孫士毅追查「後溪鳳花亭洪二和尚及朱姓等」。乾隆五十二年正月，孫士毅奏報，廣東饒

平縣擒拿天地會犯許阿協、賴阿恩等，供出天地會內有「木立斗世天下知，順天行道合和同」之詩句隱語。同年二月，孫士毅奏報，抓獲天地會犯林功格，他供出賴阿德、洪李桃、朱洪德等七人，俱是閩省天地會會員，清廷乃立即諭閩省總督嚴緝天地會員，歷一年之久，清政府於台灣、廣東、福建各地，捉拿天地會黨羽不計其數，惟尚未查獲「洪二和尚」為誰、天地會之根源為何。

乾隆五十三年（1788年），清廷擒獲首先入台灣傳佈天地會會首嚴烟（又名嚴若海），根據兩廣總督之奏報，嚴烟供詞稱：「天地會年代久遠，以前有個朱姓和李姓發起的。朱姓叫朱鼎元，李姓實不知名字，後來有個馬九龍，糾集和尚多人，演就驅遣陰兵法術，分頭傳教。近年又有個萬和尚，俗名涂喜，都是傳教的人，陳彪（是勸嚴烟入天地會之人）曾教我兩句口語：『三姓結萬李桃紅，九龍生天李朱洪』，這是天地會的根由。至於李姓、朱姓起會，傳說在四川，萬和尚傳聞在廣東。此外還有趙明德、陳丕、陳彪三人，從廣東惠州府至漳州府雲霄地方傳會，住在張姓，綽號破臉狗家內。其取煙吃茶，俱用三指，及木立斗世等暗號」。

清政府根據嚴烟之供詞，立即下諭，閩浙及兩廣總督繼續追查天地會黨員。另下諭四川總督李世傑，追查李朱二人。根據川督多次奏報，皆謂川省內無天地會名目，亦無姓李姓朱傳會之人。而在閩粵方面，終於查得天地會之根源。

首先閩浙總督李侍堯奏報，擒獲張狗，即破臉狗，訊據供稱「乾隆四十六年夏間，有廣人趙明德、陳丕、陳彪三人，到其家內賭博勸令入天地會」。廣東巡撫圖薩布奏報，擒拿陳丕，陳丕供出：「提喜，籍隸福

建漳浦縣，住在高溪鄉觀音亭。同會之陳彪，住在和平縣，趙明德住在漳浦縣雲霄城北門內倉邊巷」。陳丕於乾隆三十三年（1768 年）與陳彪等拜萬提喜為師，入天地會。清廷根據此線索，終於拿獲陳彪及萬提喜之子行義。據行義供詞，稱其父提喜，乳名「洪」，排行第二，故稱「洪二和尚」，已於乾隆四十四年（1779 年）身故。後經嚴刑究訊，行義指出其父葬地，刨驗骨殖後屬實，清政府多年之追查，終獲得天地會之創辦人。

根據蔡少卿教授的研究，證明「天地會」係由洪二和尚萬提喜，於福建漳州府漳浦縣創立，天地會會員趙明德、陳彪、陳丕、張破臉狗、嚴烟等，於閩粵、閩浙近界地區傳播天地會。其後嚴烟將天地會傳入台灣。至於萬提喜何時建立「天地會」，根據陳丕之供詞：他於乾隆三十三年（1768 年），已與陳彪等拜萬提喜為師，入天地會。而天地會會員許阿協供詞中解釋「木立斗世」之「世」字，代表「天地會起源於乾隆三十二年」（1767 年）。惟蔡少卿教授參閱福建巡撫（後併為閩浙總督）汪志伊所著的《敬陳治化漳泉風俗里》一書，內述：「閩省天地會，起於乾隆二十六年（1761 年）漳浦縣僧提喜首先創立。」這可能是根據乾隆五十四年（1789 年）清官伍拉納審陳彪的奏摺：「臣等查提喜於乾隆二十六年，創立天地會。」

有關萬提喜和尚的身世，《西魯序》記述，萬雲龍為浙江縣太昌府扶婆縣人，在家生下三子後，出家為和尚，法號名和滿。加拿大洪門前輩曹建武，於 1930 年所編之《致公堂復國運動史》，說「浙僧胡提起（法號萬雲龍）」[10]。根據加拿大洪門人士所藏的《天地會錦囊傳》內記載，福建雲霄高溪庵和尚，太祖諱洪啟勝，太祖母氏九娘，姓萬，名提起，

法號雲龍，死後葬於丁山腳下。

　　中國人民大學秦寶琦教授，於 1988 年與幾位學者往福建雲霄實地考察，到高塘村，訪問鄭家第 22 代傳人鄭自成老人[11]。他說鄭家第十一世祖生有三子，次子鄭開，便是「和尚仔開」，最初在高塘村寅錢寺為僧，後到高溪村觀音亭為僧（當地稱大廟為寺，小廟稱為亭或岩）。相傳他企圖當皇帝，結了甚麼會造反，連累親族。秦寶琦教授考察高溪觀音亭所藏提喜塑像，根據曾在該廟為僧的李阿星及船場村（與高溪村相鄰）老人回憶，當年廟內角落有一神龕，供一尊特別神像，該神像右手三指按胸，左手中指與無名指圈起，其餘三指伸直。其稱「聽老人們說，這神像是個和尚，想當皇帝，來自高塘村，不知道他叫甚麼名字。」高塘村及船場村老人的回憶大致相同，可知洪二和尚鄭開，就是洪門秘籍所述天地會之創立人萬提喜。

　　另一說鄭開，改從萬姓，名提起，於乾隆二十七年（1762 年）起，以觀音亭為據點，秘密傳天地會。[12]是年陳彪拜萬提起和尚為師，加入天地會。乾隆二十八年，陳彪收趙宗為徒，拜見提起，提起將趙宗改稱為趙明德，其後又介紹張破狗入會。萬提起收徒傳會時，均向徒授「開口不離本，出手不離三」洪門手訣，「五點二十一」暗號，及「三姓結萬李桃紅，九龍生天李朱洪」口語。

　　根據張炎教授研究洪門之文章[13]，鄭成功的將領洪福，反清失敗後，全家慘遭殺害，其子洪啟勝及媳婦，僥倖逃生至漳浦縣高溪鎮，生下提喜。洪啟勝先死，夫人撫孤成年。因家仇國恨，命提喜結盟組會，反清復國，以父天母地為名，而稱「天地會」。結拜兄弟與洪提喜一樣姓洪，此為「洪門」兄弟之由來。

　　《天地會錦囊傳》內，也有詩句記載洪提喜奉母命，進行反清工作，其中一首詩說：「欽承母命結金蘭，眾兄推舉弟登壇，目下印信權在手，忙將即把令來行。」另一首詩說：「十月懷胎兄未知，母親帶我出墟期，來到太平墟鎮市，產下洪兒結萬枝。」天地會稱集會為「做戲」。四部戲代表幾個入會儀式，中有一個環節是《中堂教子》，實際上暗指當時洪提喜的母親主持天地會會務，有詩曰：「頭出洪門夜宴時，中堂教子要遵依，定國斬奸扶社稷，橋邊相會眾洪兒。」由上述的詩句及集會儀式。可知悉洪提喜，又名萬提喜，是奉母命交結洪門兄弟，創立「天地會」。

　　為甚麼洪提喜又稱萬提喜呢？張炎教授認為，提喜本姓洪，而不是姓萬。他的解釋是福建泉州以南各地，盛行械鬥，鄉與鄉鬥、族與族鬥，大姓欺壓小姓。因此各小姓聯合起來取一姓，例如以「萬」為姓，成為一大姓，象徵萬眾一心，以增強力量。洪門詩句口語中，常有「萬姓同枝」、「結萬為記」、「萬姓一家」、「結合萬人」、「萬姓合來共一家」、「萬姓同來一類枝」，和上述之「三姓結萬李桃紅，九龍生天李朱洪」口語。此「結萬」組織，乃是一個械鬥集團。洪提喜因為參加福建漳浦縣一帶的民間結社，要「結萬」為姓，因此要放棄姓「洪」改姓為「萬」，法號「雲龍」，故後世多稱他為「萬雲龍」。除了以「萬」為一大姓外，尚有以「齊」為姓，象徵齊心協力；或以「同」為姓，象徵共結同心；或以「海」為姓，象徵四海一家；或以「包」為姓，象徵包羅萬民等[14]。

　　溫哥華《明報》於 2000 年 11 月 20 日，刊登一篇報道，說江西省考古學家陳江，在其專著《洪門考源》內講述居住於今江西省南城縣的明益藩羅川王、永寧王等，與其宗室弟子，於順治元年（1644 年），創

立反清復明的秘密團體，採用南城縣洪門鎮洪門嶺的明益王藩府洪門墓地，為秘密組織名號，招募方以智、艾南英、陳孝逸等江南官紳文士參盟，進行反清復明之活動。陳江認為洪門是由江西省明益王等創立。

加拿大洪門盟長郭英華引述孫中山之「孫文學說」稱，「迨至康熙之世，清勢已盛，而明朝之忠烈，亦死亡殆盡。二三遺老，見大勢已去，無可挽回，乃欲以民族主義之根苗流傳後代。故以反清復明之宗旨，結為團體，以待後有起者，可藉為資也。此乃洪門創設之本意也。」[15]郭盟長再根據一些洪門文獻，認為「洪門」，始創於康熙十三年（1674年）甲寅年七月廿五日丑時，陳近南先生招集英雄豪傑，於湖北白鶴洞紅花亭歃血聯盟，稱「洪軍起義」，此為洪門成立的由來。

總結來說，「洪門」可能創於清初順治或康熙年間。因為清初文字獄慘酷，洪門歷史只靠口傳，不用文字記載。正史固無記載，稗官野史更難搜集。清廷首次知悉有天地會活動，是乾隆五十一年（1786年）。之前洪門存在多久，目前則無從考究。這些疑問，還待日後多些研究和考證，才可獲得真正答案。

註

（1）　William Milne, "Some Account of a Secret Association in China, entitled the Triad Society", *Transactions of the Royal Asiatic Society of Great Britain and Ireland*, Vol. I, 2nd Part, 1825, p.240.

（2）　R. Morris, "A Transcript in Roman Characters, with Translation of a Manifesto in the Chinese Language issued by the Triad Society", *Transactions of the Royal Asiatic Society of Great Britain and Ireland*, Vol. I, 1834.

（3）　T. J. Newbold and F. W. Wilson, "The Chinese Secret Triad Society of T'ien-ti-hueh", *Journal of the Royal Asiatic Society of Great Britain and Ireland*, Vol. VI, 1840, p.120.

（4）　Gustave Schylegel, *Thian Ti Hwui: the Hung League*, Padang,.Sumatra: Patavia Lange and Co. 1866.

（5）　W.H. Pickering, "Chinese Secret Societies and their Origin", *Journal of the Royal Asiatic Society* (Strait Branch), Vol. I, 1878.

（6）　J. S. M. Ward and W.S. Stirling. *The Hung Society or The Society of Heaven and Earth*, London: Baskerville Press, 1926.

（7）　孫文《建國方略，建國大綱》，台北，三民書局股份有限公司，2011 年，第 70-71 頁。

（8）　〈莆田西天尾鎮被確認為南少林寺遺址〉，北京，《華聲報》，1989 年 12 月 8 日。

（9）　蔡少卿，〈關於天地會的起源問題〉，《北京大學學報》，1964 年，第一期，第 53-64 頁。

（10）秦寶琦《江湖三百年》，香港，三聯書店（香港）有限公司，2012 年第 19-20 頁。

（11）曹建武 1930 年所編之《致公堂復國運動史》手稿，易名為《洪門參加辛亥革命史實》，於 1978 年登刊於温哥華《大漢公報》，9 月 25 日至 12 月 18 日。

（12）吳兆清、赫治清《中國幫會史》，台北，文史哲出版社，1996 年，第 62 頁。

（13）張炎〈天地會創始人萬雲龍的本姓是洪〉,《台灣省文獻委員會慶祝成立四十週年紀念論文專輯》, 1988 年,第 105-120 頁。

（14）莊吉發《清代秘密社會史研究》,台北,文史哲出版社, 1994 年,第 44 頁。

（15）訪問加拿大洪門盟長郭英華, 2004 年 6 月 30 日。

第三章 「洪門」名稱來源及其他名稱

　　「洪門」有很多別名，如天地會、三點會、三合會等等，後來的清水會、匕首會、小刀會、哥老會等，皆是洪門的分派。由於清廷對「洪門」黨員嚴刑拷問，殺戮株連，所以洪門兄弟，集會方式及結社，皆用口頭傳述，因此「洪門」名稱來源，人言人殊，沒有一致。「洪門」名稱來源，約有八種解釋：

一說：「洪門」意即「漢門」，「漢」字無「中土」。滿清入主中國後，「漢
　　　失中土，」留下一個「洪」字。詩曰「漢無中土有洪門，歃血聯
　　　盟結丹心」。

二說：「洪」字是一個拆字，來自滅亡滿清之句「滿兒無頭」，取去「滿」
　　　之頭，只剩下「兒」之腿，合成「洪」字。

三說：明臣鄭成功，在台灣金台山創立朋遠堂，召集不少反清義士，宣
　　　傳抗清。明朝第一位皇帝，明太祖朱元璋，年號「洪武」，故取
　　　「洪門」為會名，會員皆是「洪門兄弟」，又稱「洪英兄弟」，意是
　　　「洪武」門下的英雄兄弟。秘密口號為「明大復心一」，意是「一
　　　心復大明」。

四說：因陳近南軍師，於雍正十二年（1734 年）七月二十五日集各路英
雄於龍虎山紅花亭內，歃血為盟，誓師起義，於結義之時，天發
紅光，各人認為大吉兆頭，因「紅」與「洪」諧聲，故變異姓為同
姓，以「洪」為姓。陳近南奉道教，與洪二和尚萬雲龍，一道一
僧，帶領洪門兄弟反清。詩曰：亭中教習眾洪兒，花亭聚會在今
時，近南先生來指示，一百零八定佳期。

五說：「洪門」是由洪提喜、朱鼎元、一位姓李的三人創立。口號是：
「三姓結萬李桃紅，九龍生天李朱洪」。洪提喜是鄭成功將領洪
福的孫子，排行第二，當了和尚後，被稱為洪二和尚。洪提喜於
乾隆三十二年（1767 年），在福建省漳州府漳浦縣，創立「天地
會」。他之結拜兄弟，變異姓為同姓，與他一樣姓「洪」，「四海
九洲盡姓洪」，「朋友相交盡姓洪」，此為「洪門」兄弟之由來。
故此相傳創立洪門「天地會」之萬大哥（萬雲龍禪師），為洪提喜
洪二和尚之影射。

六說：少林五僧（蔡德忠、方大洪、馬超興、胡德帝、李式開），於廣
東省石城縣高溪廟，拜天地，盟誓反清復明，創立「天地會〕。
誓盟時，明末崇禎皇之孫朱洪英（又名朱洪祝或朱洪竺）出現。
五僧跪拜，誓助洪英明主，恢復漢室。所以「洪英」意指「漢族
英雄」。「洪英兄弟」便是「反清洪門兄弟義士」。

七說：世傳天地會先鋒蘇洪光死後，得明末忠烈宦官王承恩之魂，附體
更生，易名天佑洪，以「洪」為姓：「四海九州盡姓洪」，「滴血盟
心本姓洪」，「朋友相交盡姓洪」。「洪門」設忠義堂，以「義」為
主，以「仁、義、禮、智、信」為用。洪門兄弟，變異姓為同姓，

　　　詩曰:「天生日月本姓洪,地分南北任飄風,會盟結義兄弟眾,
　　　反正開關便是龍。」以紀念蘇洪光也。

八說:「洪門」取自明末崇禎年間之忠臣「殷洪盛」,又名洪英,山西平
　　　陽府太平縣人。為大同鎮守姜瓖參贊軍機,鄉人知其賢德,有俠
　　　義心腸,多人拜投門下,如蔡德忠、方大洪、馬超興、胡德帝、
　　　李式開等。崇禎十四年(1641年)初,殷洪盛攜諸門人南下往江
　　　蘇揚州,協助史可法抗清,史可法城陷殉難。殷洪盛率師繼續和
　　　清兵打仗,清順治二年(1645年)五月十三日,殷洪盛於三叉河
　　　之役戰敗陣亡。其五位門人:蔡得忠、方大洪、胡德帝、李式
　　　開、馬超興,分散各地,成立「漢留」組織,即「留守中原漢土」,
　　　廣招反清復明義士,約日後相見時,應報「洪」字為暗號,意是
　　　恢復明朝天下。候命台灣鄭成功的號令,等待時機再反清。

天地會

　　《西魯敍事》稱,五僧於廣東省惠州府石頭縣太平寨白鶴林岳神廟
起義,於雍正十二年甲寅年(1734年)七月二十五日丑時,歃血為誓,
為「天地會」創始日。盟誓時,明末崇禎皇帝之孫朱洪英出現,五僧跪
拜,誓助洪英明主,恢復漢室。「洪門」之名稱,是取自「洪英」之名,
故「天地會」會員,即「洪門兄弟」,又稱「洪英兄弟」。對外稱「天地
會」,對內則自稱「洪門」。

　　但《西魯序》稱,萬雲龍禪師於雍正甲寅年九月初九身亡後,陳近
南先生占算,清運未終,分散各起義兄弟,隱姓埋名,順天行道,等滿

清天數應滅才起義。並設天地會，立天地日月分派，以穆楊城（或寫木楊城）為記號，穆楊城兩旁對聯：「穆在君皇能會合，楊存兄弟可交道」。結異姓兄弟，八拜結義，以「洪」為姓，發三十六誓。用五色旗號、詩句、口白等，日後用以記認相逢。「天地會」會員，即「洪門」兄弟，其腰屏內圈寫上一詩：「五房分開一首詩，身上洪英無人知，此章傳得眾兄弟，後來相會團圓時」。此詩及外圍之詩，為將來洪門聯絡之用。

又世傳洪門兄弟，取水滸內「合異姓為一家，指天地作父母」的思想，「拜天為父，地為母，日為兄弟，月為姊妹」（「日」和「月」兩字合起來便是「明」），組成「天地會」。參加「天地會」者，又稱入「洪門」。又一說「陰陽結合，天地配合，生產無數洪兒」，是為「天地會」。

三點會

天地會別名「三點會」，說是取「洪」字偏旁三點為名。其三點革命詩曰：「三點暗藏革命宗，入我洪門莫通風」。其含意是暗藏三點革命，誓滅清朝。因此，萬雲龍禪師之墓牌，上有十六字：「受職少林寺 開山第一枝 達宗公和尚塔」，每字左旁加三點水，共成四十八點水。

嚴太白編著《中國歷史辭彙》稱，嘉慶（1796－1820 年）末年，朱九濤創上帝會於廣州，洪秀全、馮雲山拜他為師，朱九濤死後，洪秀全另創「三點會」，設會址於鵬化山（在廣西桂平縣武宣縣境），自稱為拜上帝教，隱圖革命反清。[1]

但一說咸豐年間（1851－1861 年），海陸豐人黃殿元、葉仰曾等，組織「三點會」。是洪門組織之一，其後擁護共產黨，稱"三點無共不

成洪"。與三合會、哥老會、孝義會等聯盟為共進會,"共進者,合各黨派共進於革命之途"。

三合會

天地會又名「三合會」,起源有很多説法。一説雍正十二年(1734年)九月初九,萬雲龍禪師與清軍惡戰於五鳳山,墮馬而死,明王朱洪英失蹤,部眾分散,軍師陳近南於是收拾殘兵,將前五祖(五僧人:蔡德忠、方大洪、馬超興、胡德帝、李式開)各部隊合為一軍;後五祖(五販馬商人:吳天成、洪太歲、陶必達、李式大、林永超)各部下合為一軍;蘇洪光先鋒,集餘眾為一軍,是為「三合軍」,「三合會」之名,亦因此而起。三軍兄弟,隱姓埋名,繼續進行反清活動。

但另一説「三合會」起源自洪門首任香主陳近南起義失敗,戰死於廣東省惠州的高溪廟,部眾擁戴蘇洪光(後改名天佑洪),認為當時「天時、地利、人和」都有利,含三合之意,成立「三合會」,繼續反清革命。故「天地會」,又稱「三合會」。

又一説「三合會」源於「三合河」。鄭君達妻子郭秀英及其妹鄭玉蘭,被惡僧馬寧兒逼姦不從,投江自盡,合葬於「三合河」邊,其墓生長了兩株桃李樹。當少林五僧被清兵追至「三合河」邊,桃李樹忽凸出一把寶劍,五僧憑此桃李寶劍,打退清軍,這寶劍名為桃李劍,又名姑嫂劍。又一説「三合河」為拜盟結會之所,鄭玉蘭、郭秀英姑嫂所葬之地。甚多洪門詩句中有「三合河」三個字。例如:「小會創始在三河,結義會盟兄弟多,正是天本團圓日,大家齊唱太平歌。」詩曰「大小有二

會，小會在三河，大會在天本」，洪門對聯有「三河合水萬年流」等。

　　又一說洪門由福建流入廣東、廣西，隱其天地會之名，取洪字左邊三點，並取閩粵桂三省洪門兄弟「共合」，故改稱為「三合會」。

　　又一說廣東省之東江，西江，北江「三河」於珠江三角洲會合。（又說「合」取「河」之同音）。洪門之「流詩」：「說我是流不是流，三河合水萬年流，五湖會合三河水，鐵鎖淪蛟會出頭」。

　　嚴太白編著之《中國歷史辭彙》稱：「三合會」或稱「天地會」，成立於康熙十三年（1674 年），信奉道教、佛教，反對滿族統治。道光（1821－1850 年）以後，傳佈愈廣，派別很多，有清水會、匕首會、雙刀會等。[2]

註

（1）　嚴太白編著《中國歷史辭彙》，台北，希代書版公司，1981 年，第 28 頁。

（2）　同上。

第四章 洪門 「五房」分派

　　清雍正甲寅十二年（1734 年），天地会反清起義失敗，陳近南占算清運未絕，乃遣前五祖及後五祖分往全國各地，以「洪」姓的名義，招兵買馬，分頭進行反清復明的地下工作，取用五色旗號、詩句、口白等，為日後秘密相認記號。前後五祖旗上，皆寫有「川大丁首」，代表「順天行道」，意思是待清運氣絕時再起義（圖 4.1）。前五祖分五房，長房為蔡德忠，二房為方大洪（又稱方太洪），三房為馬超興，四房為胡德帝，五房為李式開。每房有其堂號、郡名（分配地區）、旗色、旗號、印信和字號（圖 4.2）。五房旗色是：烏、紅、赤、白、綠，代表仁、義、禮、智、信；旗號為：彪、壽、合、和、同（每字配以「虎」字）。長房彪仁旗詩曰：「福建烏旗大一枝，甘肅起義始興基，彪字青蓮來分派，一九紅房誰敢欺。」二房魋義旗詩曰：「廣東行來又往西，惠州起義到高溪，壽字金蘭為本底，十二同房底數齊。」三房彪禮旗詩曰：「赤色旗號排大三，江西起義與雲南，合字家后無更改，四九變化定相參。」四房魋智旗詩曰：「三楚排來大四房，兄弟齊心滅蠻王，和得錦相平天下，白旗二九定家邦。」五房魋信旗詩曰：「五房本是綠色旗，齊心協力滅蠻夷，浙江十三添為號，扶持汩主舊朱基。」

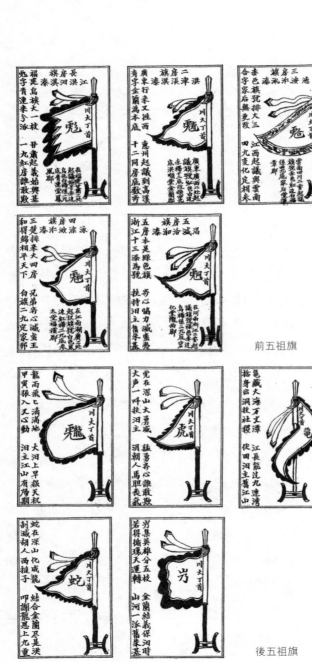

前五祖旗

後五祖旗

圖 4.1

　　後五祖為吳天成、洪太歲、陶必達、李式大（又稱李式地）、林永超，其旗號為：龍、虎、龜、蛇、會。吳天成旗詩曰：「龍雨飛飛滴滿地，大明上早報天機，甲寅振入又心動，明主江山有歸期。」洪太歲旗詩曰：「虎在深山大勇威，猛勇齊心誰敢欺，大聲一叫扶明主，清朝人馬膽喪氣。」陶必達旗詩曰：「龜藏大海萬丈潭，江長能過九連灣，捨身出洞扶社稷，伏固明主舊江山。」李式大旗詩曰：「蛇在深山化成龍，結合金蘭盡是洪，剎滅胡子與撻子，叩謝龍恩上九重。」林永超旗詩曰：「會集英雄分五枝，金蘭結義保明時，若得循環天運轉，山河一派舊朱基。」

　　前後五祖起義詩曰「烏紅赤白綠興漢，龍虎龜蛇會滅清。」《西魯序》140 頁，升斗詩內有「彪壽合和同順應，龍虎龜蛇會兩京。」風詩又曰：「說我是風不是風，五色彩旗在斗中，左邊龍虎龜蛇會，右邊彪壽

中國洪門五房分派簡表

字號	印信	旗號	旗色	郡名	堂號	五祖	房份
仁	江	彪仁	烏（綠邊白帶）	鳳凰郡（福建、江蘇）	青蓮堂	蔡德忠	長房
義	洪	麀義	紅（白邊赤帶）	金蘭郡（廣東、廣西）	洪順堂	方大洪	二房
禮	明	麄禮	赤（紅邊白帶）	蓮彰郡（湖南、湖北）	家后堂	馬超興	三房
智	淇	麅智	白（紅邊赤帶）	錦廂郡（雲南、四川）	參太堂	胡德帝	四房
信	漆	魋信	綠（烏邊紅帶）	隴西郡（浙江、江西）	宏化堂	李式開	五房

圖 4.2

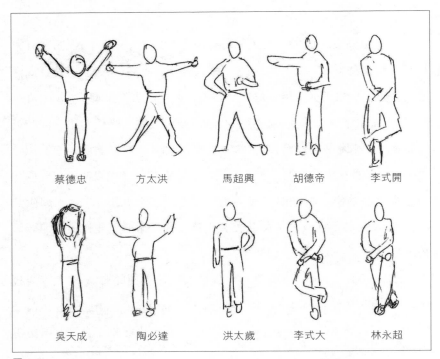

蔡德忠　　方太洪　　馬超興　　胡德帝　　李式開

吳天成　　陶必達　　洪太歲　　李式大　　林永超

圖 4.3

合和同。」前後五祖，皆有代表手勢。例如加拿大洪門新會員入會時，
有功夫表演，其中一項姿勢，代表方大洪，即二房洪順堂。（圖 4.3）

　　陳近南及五僧身亡後，洪門兄弟在高溪廟設壇拜祭陳近南、萬雲
龍、五僧、朱洪英夫人金氏、洪啟勝夫人庇氏等（圖 4.4）。拜祭洪門列
祖先賢牌位，日後略有增減改變。例如加拿大中國洪門民治黨，所拜祭
洪門先賢包括「前五祖」，昔日「五虎將」改稱為「後五祖」，加上三英、
五義、五傑、五虎將等（圖 4.5），神台設在大堂中央，關公神像，放在
側邊。

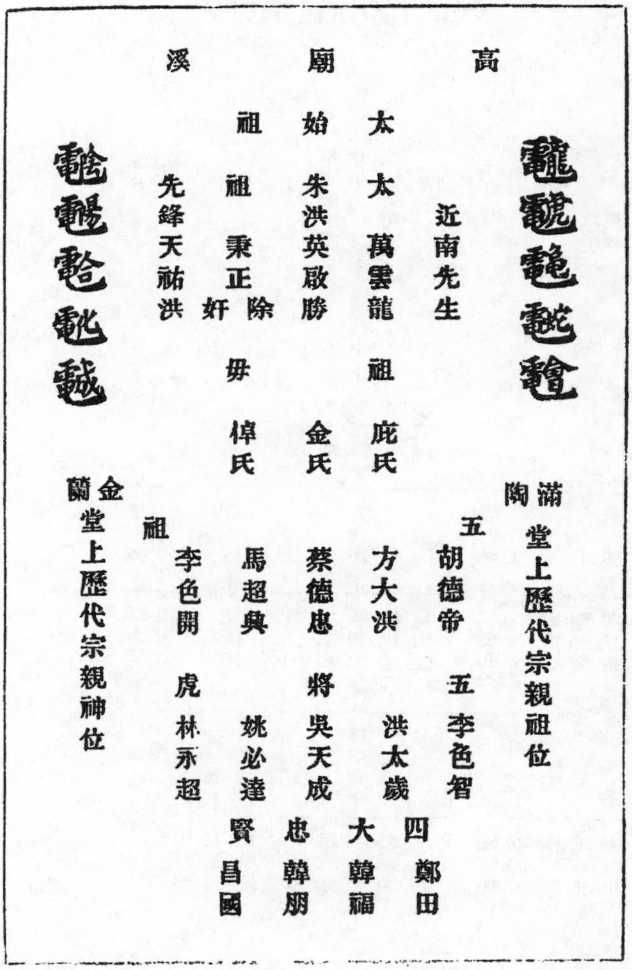

高　　廟　　溪

太太萬雲龍祖　庞氏　方大洪　洪太歲　四鄭田

始祖朱洪英啟勝　金氏　蔡德忠　將吳天成　忠韓朋

祖宗秉正除毋倬氏　馬超興　姚必達　賢昌國

先鋒天祐洪　祖　李色開　虎林永超

近南先生

陶　滿堂上歷代宗親祖位　五胡德帝　五李色智　大韓福

金蘭堂上歷代宗親神位

（龜龜龜龜龜／龜龜龜龜龜）

圖 4.4

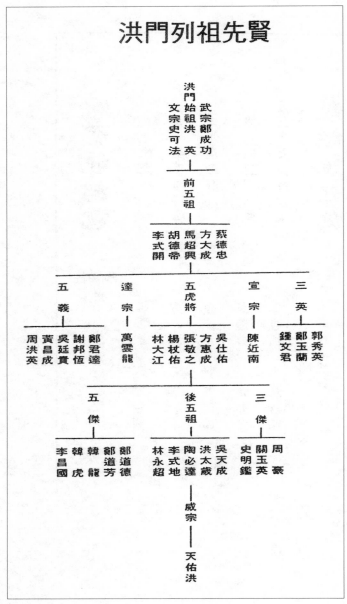

圖 4.5

第五章

堂內排列及
入會儀式

　　我在英國圖書館看到一份昔日洪門新人入會儀式程序，仿照前五祖走難的過程行事：「一進洪門，二進洪門忠義堂，三進乾坤圈，四飲三河水，五到穆楊城，第六冚被，第七斬七，第八歃血，第九飲太平宴，第十過火坑，第十一老母俾本錢三個。」[1]其後洪門三合會會所內的大堂排列設計及新人入會儀式，與上述大同小異，只是增減的分別而已。

　　洪門要吸收新會員時，稱「大放洪門」，開枱演戲，招賢納士，新會員拜盟行禮（即幫會中所謂「開香堂」）。新人由大堂東面，先進「大洪門」，門口對聯是「入洪門結為兄弟，由此道秉正朝天。」或曰：「到此地無義莫來，入其門非忠勿往。」有些堂所，用下列對聯：左聯曰：「地振高崗，一派溪山千古秀。門朝大海，三河合水萬年流。」右聯曰「洪氣一點，通達五湖四海。萬登宗支，到處合水橫流。」

　　二進「忠義堂」，有聯一對曰：「非親有義須當敬，是友無情切勿交。」有些堂所，用下列對聯：「忠義堂前無大細，紅花亭內有尊卑。」

　　三進「乾坤圈」，詩曰：「陰陽和合配乾坤，始產洪兒結萬人，若是忠良從此過，得來日後伴明君。」有些堂所，用下列對聯：「沙紙被中藏烈士，乾坤圈內出洪英。」「乾坤圈」內飲「三河水」，並唸誦「三河河

水出高溪，陽春廟裏有詩題，你今吃了三河水，保佑五祖早登基。」三河合於丁山腳下，散往五湖四海，詩曰：「丁山流出五湖通，遠望高溪寺內中，憶昔五祖當年事，特來叩見萬雲龍。」

接着過二板橋，詩曰：「二板橋頭掛長錢，洪字分明兩並連，若問長錢多少數，三萬八百廿一千。」另一首二板橋詩曰：「有忠有義橋下過，無忠無義劍下亡。」又另一首詩曰：「二板橋頭過萬軍，左銅右鐵不差分，朱家搭橋洪家過，不過此橋是外人。」另有詩曰：「英雄聚會在今宵，鐵膽銅肝過此橋，魋字印信金蘭郡，二房洪旗定飄飄」。二板橋上之對聯曰：「黃河自有澄清日，洪兒豈無運轉時」。再過「冚被」，「過火坑」等儀式。義合店對聯稱「義氣能招天下客，合心可得世間財。」

最後到穆楊城，城門對聯曰：「穆在君皇能會合，楊存兄弟可支遊。」新會員進行「升斗」儀式。加拿大洪門盟長郭英華稱：「斗」是洪門的聖物，是每個正統洪門山堂的靈魂。「斗」代表洪門的神聖發源地，洪門義軍於康熙甲寅年七月廿五日，在穆楊城內舉行「升斗」儀式，誓師起義。這項「升斗」儀式，亦是每次新會員入會儀式重要的一個環節。」郭盟長又稱「傳斗」是一位盟長退位，將「斗」傳與繼任盟長，這包括一些鮮為人知的盟長信物。另外，盟長只受到推舉而無經過「傳斗」儀式，可分類為「領牌盟長」。紮職（即升職）一般可在年中任何神誕紀念日舉行，不一定要在「傳斗大會」中紮封。

以往「斗」內信物，通常包括有前五祖及後五祖的五色彩旗、軍統師的代表信物、朝皇族的代表信物等（圖 5.1），其他聖物還有玉尺（詩曰：天有幾長地幾短，魯班玉尺萬兄量，須開滿漢分疆土，一派溪山萬古揚。）、厘秤（詩曰：出世全憑此秤來，能秤貴賤也分開，賤骨盡歸

圖 5.1

清路去，貴子明邦生將台。又曰：一字平衡星斗盈，穆楊城內秤分明，欲知世上何物重，心存忠義念從前。）、金剪（詩曰：金剪同心兩日間，別離半步也行難，古今傳來天下有，冬開桃李統江山。）、筆（詩曰：五祖傳來筆一枝，能習文章能味詩，一筆寫斷清朝終，斬了清君作雞兒。）、墨（詩曰：此墨將來作棟樑，上有文章在兩傍，小子書中我點墨，兩班文武在朝堂。）。（圖5.2）

　　新人到達五祖祭壇，面對山主歃血宣誓，正式為洪門兄弟。有些洪門組織，歃血拜盟後，便高唱：「此多會盟天下合，四海招徠盡姓洪，金針取血同立誓，兄弟齊心要和同。」穆楊城內設鏡以照人心之邪正，設玉尺以較量會員之行為，設秤以彰正義公道，設剪刀以示剪開蔽天之黑雲，設桃枝以模仿桃園結義拜盟之際。堂內或會放少林寺曾有之十件寶：一寶紅燈照四方，洪棍二寶二龍爭，草鞋三寶五條綱，四寶雲板徹九重，五寶素珠日隨身，六寶袈裟僧人衣，吉寶盂砵助經聲，八寶白碇在高崗，九寶陰陽寶鏡光，十寶桃李劍排名。（圖5.3）

　　新會員拜盟發誓後，便進行「洗面」儀式，代表新會員改頭換面，重生為洪英，之後才進入「紅花亭」。亭之對聯：「花有半朝含宿雨，亭無中日隔重雲。」詩曰：「亭中教習眾洪兒，北亭聚會在今時，近南先生來指示，一百零八定佳期。」亭中祀關帝，神前安置「反清復明」四字香爐。

　　洪門之入黨儀式至繁，等級至嚴，隱語至多。曹建武之《致公堂復國運動史》稱，舊金山大埠五洲致公總堂於1915年開懇親會，議決改良，刪繁就簡。域多利達權總社社長林樹森於1997年稱：舊的加盟儀式叫「做戲」，一切由盟長主持。六十年代中期，加拿大的盟長（洪門稱

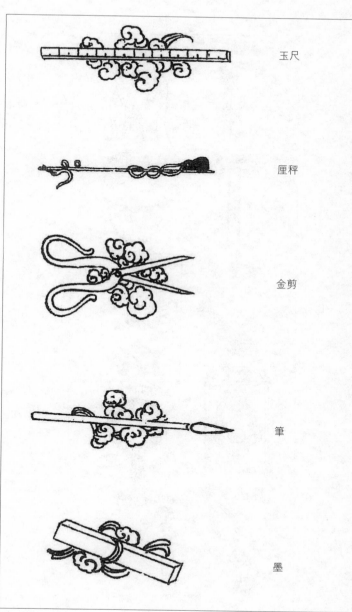

玉尺

厘秤

金剪

筆

墨

圖 5.2

圖 5.3

大佬），均已先後仙逝，廿多年來沒有盟長主持加盟，雖然洪門入黨儀式簡化，但宣誓目的與精神仍然不變。[2] 加拿大洪門民治黨新進黨員入黨儀式，禮簡隆重。[3] 儀式程序：齊集，升炮，新黨員互行一鞠躬禮，全體向五祖台前及黨旗行禮，宣讀洪門忠、義、俠三大信條（義氣團結、忠誠救國、義俠除奸），宣誓加盟。支部主委致歡迎詞，駐加總支部主委講述洪史，最後主委叔父指導新黨員加盟。加拿大洪門盟長郭英華稱：「洪門入會儀式，可分為新章或舊章，加拿大洪門入會儀式，一向都是採用舊章，雖然已經將各環節去繁就簡，但一般仍然耗將二至三小時」。

註

（1） *Taiping Initiation Chinese*, Oriental 8207E, British Library, London, England.

（2） 林樹森〈洪門革命搖籃，孕育中國國民黨。功成肇造民國，反貽巨債險身〉，溫哥華，《明報》，1997 年 9 月 26 日。

（3） 〈民治黨雲支部新黨員依新章加盟〉，《大漢公報》，1978 年 9 月 6 日。

第六章 「洪門」 秘語隱句之謎

　　昔日洪門為反清復明的秘密組織，受到清政府嚴厲追查，洪門兄弟分散各地，不能公開聯絡，不得不使用秘語隱句來聯絡，因此創造了很多難明的暗號、秘語、隱句、字體、符號、口白、手勢等，以便日後相認及傳達消息。劉一帆稱：「暗語暗號之使用，只有自己人才知道它的意義。這是保安，也是私隱，在法治社會，是允許的。西方有不少兄弟會、姊妹社的組織，也有其本身使用的暗語暗號，所以洪門兄弟用秘語隱句，不能貶低洪門組織的價值。」[1]多倫多達權支社社長吳培芳稱：「現今社會上的一些不良分子，用口語和手語進行不法活動，影響洪門形象。以洪門的手語被當作黑社會而入罪，實是以偏概全。」[2]他希望有一個公正公平的結論，還給洪門一個公道。全加洪門盟長羅立稱：「現聞有些自認有識之士，以為先祖創用這套秘語和儀規都過期了，要廢除，連入會儀式也取消。本弟認為連傳統洪門禮儀、詩句、牌號、祭祖等都不整理不正視，那洪門的歷史和可歌可泣的輝煌過去都會被忘記，前傳後教，是我們的責任。」[3]台灣內政部於 2004 年初，核准「國際洪門中華民國總會」以「洪門」兩個字登記為合法社團，為「人道關懷，社會服務」的新時代組織，並頒發立案證書，洪門弟子

終於獲得「正名」，從地下組織公開走上社會舞台。[4] 授證典禮時，
洪門以傳統幫會儀式進行，市民難得有機會看見洪門旗展及手勢表演
（圖 6.1）。保存洪門傳統儀式、暗語、詩句等，使外界了解和認識洪門
傳統遺產，「還給洪門一個公道」，這也是本書其中一個目的。

　　Gustave Schylegel 和 W. P. Morgan 的書內有很多分解洪門的暗號、
秘語、口白、手勢等 [5]，但洪門的秘密文獻內，還有很多其他玄詞晦
語，非外人所了解，如果不熟識洪門傳說歷史，便很難領悟其意。故研
究洪門文獻，十分困難，常要賴資深洪門領袖之幫助，才能解釋。

圖 6.1

（一）刪除上下或旁邊的字體

　　洪門歷史之記載，有許多各類改變或新創的字體，例如刪除字體筆畫或只用部首，使隱句不被外人了解。洪門半字暗號很多，例如「順天轉明」四字，隱「頁」為「川」，隱「一」為「大」，隱「專」為「車」，隱「月」為「日」，便變成「川大車日」。「青蓮堂」寫成「月車口」；「洪順堂」寫成「三川口」或「口川三」；「家后堂」寫成「豕口口」；「參太堂」寫成「彡大口」；「宏化堂」寫成「厶人口」；「開圩」寫成「井于」；「川大丁首，复車日月」，代表「順天行道，復轉明朝」。將「滿清」改寫成為「沔汌」，這是「滿無首，清無主」之意。「反清復明」改寫成為「反汌復汩」，「關開路現」改寫成為「关并足王」。

（二）增加上下或旁邊的字體

　　「洪」左邊有三點水，代表暗藏革命之意。三點革命詩曰：「三點暗藏革命宗，入我洪門莫通風。」之意。因此「洪發萬鎮」，每字上邊或左邊有三點水「渓潑潢潩」，意是洪門發展分佈全國，反清革命活動。萬雲龍禪師之墓牌上「受職少林寺　開山第一枝　達宗公和尚塔」每字左旁加三點水，暗藏三點革命之意。「日」左邊加一個字體，「月」右邊加一個字體，「氤朏」，兩字寫在一起，便是「明」字，隱藏「明」朝。

（三）合併數字的字體

台灣林爽文起義失敗後，福建同安縣陳蘇老於乾隆五十七年五月，與蘇葉、陳滋等數人，結拜天地會，[6]因天地會容易遭到追查，便將「青氣」二字合成一字「䨺」，代表「天」，將「黑氣」二字合成一字「䵝」，代表「地」，將「山乃」二字合成一字「屴」，代表「會」，藉以掩人耳目。

洪門還有很多隱字，由兩字合併為一個字，成為記號。「洪順堂」合併為一個字「𡎰」、「塑」。其他合體字例如：「反清復明」合成「䎔」。「順天行道」合成「遧」。「共同和合」合成「稰」。「結萬為記」合成「魓」、「魤」、「𧆞」、「𧇜」。「一片丹心」合成「骨」。「唯吾知足」合成「䭲」、「㘈」。「金蘭結義」合成「龠」。「忠心義氣」合成「稹」、「礥」、「羲」、「漤」。「千變萬化」合成「皪」。

（四）變形的字體

很多字體，好像是象形字或篆書。例如《繡像天地會錦囊傳》（圖6.2），但有些圖形字體，不容易了解。我認為這兩字代表「共同和合」（圖6.3）。這四字代表「恭祝千秋」（圖6.4），福士洪門致公堂內忠義堂的對聯（圖6.5），最初我看不明白。加拿大多倫多洪門民治黨堂內之忠義堂對聯，是「萬古精忠昭日月，千秋義勇貫乾坤」（圖6.6），但溫哥華洪門民治黨堂內忠義堂的之對聯，是「萬古精忠昭日月，千秋義勇壯山河」（圖6.7），福士忠義堂的對聯，可能與溫哥華之忠義堂對聯同樣句語。

圖 6.2

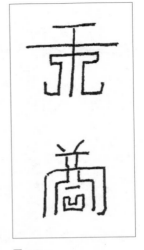

圖 6.3

圖 6.4

圖 6.5

圖 6.6

圖 6.7

（五）隱詩隱句

天地會有很多內部話語系統和隱詩，例如一首隱詩：「人王頭上兩堆沙，東門上面草生花，絲線穿針十一口，羊羔美酒是我家。」代表「金蘭結義」四個字。另一首隱詩：「結情忠義莫為奸，萬明江山急轉還，為國全忠報冤奸，記功義氣復明還。」代表「結萬為記」。新會員入會時要説「共同和合，結萬為記」。

另兩首常見的隱詩：「木立斗世天下知，順天行道合和同」，「木立斗世清皆絕，萬里和同再復興」。「木」代表十八，「立」代表六十一，「斗」代表十三，「世」代表三十二[7]。此暗號表示順治在位十八年（1644－1662），康熙在位六十一年（1662－1723），雍正在位十三年（1723－1736），乾隆在位三十二年後，清室便會滅亡，天下皆知。（其實乾隆 1736－1796 在位，有 60 年之久）。但另一解釋是「木」代表十八僧侶逃離少林寺，「立」代表六月一日火燒少林寺，「斗」代表七十日，僧侶被清軍追殺時間，「世」代表三十二場五祖抗清戰爭。

「順天行道合和同」，陳近南起義失敗後，説清運未絕，令各洪門兄弟分散，隱姓埋名，「順天行道」，等天運應合時，才會合起義反清。「萬里和同再復興」，意是「洪門兄弟結合為萬一家，再起義滅清復明」。另一首隱詩，「川大丁首，并井足王」（順天行道，關開路現），意思是日後順天運合時，才會集洪門兄弟反清。

「正大光明」四字，常懸掛在洪門大殿上，但桌下隱藏四字，「滅清復土」。上下兩行，互相讀成「正（征）滅大清，光復明土」（圖 6.8）。洪門香堂（內堂），案前香爐，有刻上「反湖復泊」，即是「反清復明」。

圖 6.8

　　洪門很多內部秘語，如「傳斗大會」，即是「傳道大會」，因「斗」是「道」同音。「紮封」意即「頒封」或「提拔」。陳近南信道教，創立三合會，為第一代傳斗師。三合會中職位，皆由傳斗師於「傳斗大會」紮封。洪門內部話語，「文」即「大哥」或「大佬」之意。馮自由《革命逸史》初集記載，「孫總理於辛亥前到美洲三次，致公堂皆以大哥尊之，孫文曾化名陳文，號載之。」

（六）暗號數字

　　洪門用數目字代表名稱，也不容易解釋。例如，「五四」代表「洪門兄弟」，意是「五湖四海，四海洪英皆兄弟，一顆丹心獻洪門」。又怕外人識破「洪」門之秘，北方洪門人士，多用「五點二十一」，代表「洪」門。因為「洪」字由「五點水，廿，一」組成。南方洪門人士，一般口稱

「三八二十一」，代表「洪」門。因為「洪」字可分開寫為「三八二十一」。例如，利用切口問答相認，問：「三乘八等於多少？」，如答二十四，便不是洪門。如是洪門兄弟，必說二十一。洪門詩句說：「三八廿一同一宗，走遍天下皆姓洪。」洪字詩：「三月桃花正開時，八仙歸洞定日期，二十興兵滅清立，一字古今便知機。」弟兄入洪店詩曰：「洪字八字開，無錢莫進來，三八二十一，無錢亦食得。」

　　如果一位洪門兄弟，想知道對方是否也是洪門，可用下列方式相認：在地上畫一個大圈，內放一條長草。對方朋友見此，便將草割開三條，每條又割開三條，共有九條短草，然後行過大圈，說：「我是圈內人，必從圈內過。」九條短草，為「洪」九個筆畫，意即是這位朋友是圈內洪門人，所以必從圈內過。

　　36，72，108 代表「天地會」，因為道教稱有「三十六天罡（天神）」、「七十二地煞（地神）」，或是「天有三十六宮」、「地有七十二魔」，36 為天，加上 72 為地，合共為「108」，如《水滸傳》內一〇八位好漢。有詩句稱：「洪水橫流有三六七二」，即是天地會。又有詩句曰：「桃兒三六在樹根（天），李子七二甚超群（地），兩件相連式結陣，一百〇八定乾坤（會），爭天奪國一點洪，露出機關天不容。」意即洪門兄弟受刑也不准供出天地會，否則上天也不容。

　　洪門內部之階級，也用數目字為代號。其職位名銜，皆以「四」字排頭，源於「四海天下，兄弟一家」之意。根據 W. P. Morgan 的解釋[8]：

(1)「489」—— 為洪門最高職位代號，稱為「山主」，又稱「香主，大路元帥」。源出 4+8+9= 廿一，乃「洪」字右上半的「廿」字。

　　但有一另外解釋，萬雲龍為洪門起義大帥，489 源於他墓碑

上 48 點水，死於 9 月 9 日。

（2）「438」── 為副山主代號，又稱「副香主，先鋒，二路元帥」，通稱來自「洪」左邊三點水及右邊下有八字，438 暗喻副龍頭。但另一個解釋是 3+4+8=15，紀念洪門前中後三祖共十五人。

（3）「426」──「紅棍」代號，源出 4×26+4=108，隱喻執行刑法時，有 36 天神，72 地煞，共 108 位天神地煞。另一個解釋意指梁山泊 108 位好漢，武松手執紅棍，闖盪江湖。

（4）「415」── 洪門軍師代號，稱「白紙扇」，源出 4×15+4= 64，八卦轉為六十四卦。白紙扇對外談判，對內主持儀式及教導會規。

（5）「432」── 代表草鞋，源出 4×32+4=132，代表平定西魯的人數，128 僧侶及 4 名平民，合力攻打西魯的先頭部隊。

（6）「49」── 代表普通會員，4×9=36，新會員入會時，必須發三十六誓，收取入會利是，傳統規矩由 36.60 元至 366 元或 3,660 元，取其三三不盡，六六無窮的意頭。入會三年不能升級者稱「老 49」。

（7）「25 仔」── 代表叛徒，2+5=7。和尚馬寧兒（亞七），出賣少林，非忠義之徒。洪門兄弟皆以「七」為恥辱，忌用「七」字，改用「吉」代之。因此「吉月吉日」即是「七月七日」。由一至十，皆用諧音：「朱，雷，昂，癢，揸，龍，吉，鮑，彎，披。」

（8）「藍燈籠」── 有意入會，但未經儀式的會員，藍燈籠代表入會後以前的自己已死，等待正式入會儀式後，就重生做人。

（七）旗號印信

洪門起義失敗後，陳近南將前五祖分配各地，五房之旗號為「彪」、「壽」、「合」、「和」、「同」，與「虎」字合併為一字體：「彪」、「虝」、「虓」、「虝」、「虝」。後五祖之旗號為「龍」、「虎」、「龜」、「蛇」、「會」，與「雨」和「鬼」二字合併為一字體：「靇」、「靇」、「靇」、「靇」、「靇」。

常出現在洪門印信上之圖案（圖6.9），是「龍現不正，便不開洪關」，意思是如果不是正式洪門兄弟，便不開洪門接入。二房方大洪之印信上有洪順堂，金蘭郡（圖6.10）。三角形是洪門的神聖印章，一傳說源於少林僧出征西魯時，康熙賜僧侶三角鐵印信一個；另一傳說三角的三畫代表「天、地、人」，代表天時、地利、人和，合成三角，又代表「三合會」。三角形外邊的「日」、「月」、「山」代表「明」之「江山、山河土地」。三角的三個圓圈代表「三塊洪石頭，品字排」，紀念五僧逃至高溪廟旁的江邊，江上有清兵把守「二板橋」，乃向橋底偷渡，橋下浮起三塊大石，每石刻有一字：定、海、浮，五祖踏上此三石而過河。左邊「川大丁首」代表「順天行道」。右邊「結萬為記」，是洪門兄弟以「萬」為姓，「萬姓合來共一家」，作為互相記認之口語。

（八）暗語

幫會常用的暗語，又稱背語或隱語，諱莫如深，十分費解。W. P. Morgan舉例一些香港幫會所用的暗語，食品類如豬肉叫「白瓜」、燒肉叫「金瓜」、牛肉叫「大菜」、燒鴨叫「金八」、魚叫「川浪」、食粥叫「打

圖 6.9

圖 6.10

浪」、茶葉叫「青蓮心」等。日用品類如飯碗叫「蓮花」、筷子叫「雙鐧」、雨傘叫「獨腳」、火柴叫「金枝」。其他名稱如「花腰」（即是警察）、「臭格」（警署拘留所）、「起飛腳」（反叛）、截路叫「打鷓鴣」等等。很多這類暗語，已很少用了。但有些暗語，例如「開片」（打架）、「文雀」（扒手）、「新丁」（新會員）等，已成為一些社會俗語了。

（九）手語和茶陣

手勢用來代表在洪門的地位如香主，洪棍，白紙扇等（圖 6.11）。「開口不離本，舉手不離三」。取物吃煙，用三指向前為號；路途相見，以三指按胸，代表「三合會。三指暗號，來自李朱洪三姓，倡立天地會。」

以往還用茶陣方式代表「單兵救主」、「桃園結義」等等（圖 6.12），這些手語和茶陣，已很少應用，在此不詳述了。

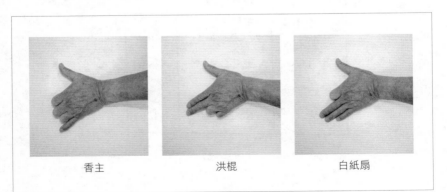

香主　　　　　　洪棍　　　　　　白紙扇

圖 6.11

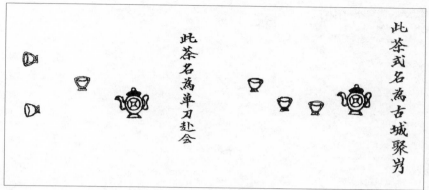

圖 6.12

註

（1）　劉一帆〈洪門的滄桑與深思〉，《多倫多洪門民治黨慶祝成立百週年紀念特刊》，
　　　　1994 年，第 7 頁。

（2）　吳培芳〈認識歷史 還洪門公道〉，雷民盼編《洪門貢獻加拿大一百四十週年紀
　　　　念特刊，1863－2003》，溫哥華，2003 年，第 82-83 頁。

（3）　羅立〈洪山種洪茶，相識滿天下，三八廿一，算來是一家〉，《加拿大中國洪門
　　　　民治黨 34 屆代表大會紀念特刊》，域多利，2004 年，第 50 頁。

（4）　溫哥華《明報》，2004 年 6 月 7 日。

（5）　Gustave Schylegel, "Thian Ti Hwui: the Hung League", Padang, Sumatra:
　　　　Patavia Lange and Co. 1866; W. P. Morgan, *Triad Societies in Hong Kong*.
　　　　Hong Kong: Government Press, 1960.

（6）　秦寶琦《幫會與革命》，香港，三聯書店（香港）有限公司，2013 年，第 8 頁。

（7）　莊吉發《清代秘密社會史研究》，台北，文史哲出版社，1994 年，第 362 頁。

（8）　W. P. Morgan. *Triad Societies in Hong Kong*, Hong Kong: Government
　　　　Press, 1960, pp.101-103.

第七章

腰　屏

「腰屏」又稱「腰憑」，是天地會會員證，洪門人士多稱「腰屏」。《西魯敍事》內之「腰屏詩」曰：「天人腰屏大不同，母親付我帶身中，上繡五龍扶真主，下繡彪壽合和同。」腰屏內容十分繁雜難明，減少筆畫之字體、數字合併一個字體、一句中顛倒其文字、各詞句互相混亂安排，務令外人難於索解。各地天地會腰屏內容不同，但其三角，四方角，八角形式，皆大同小異。

英國圖書館內藏《西魯敍事》，內有一腰屏（圖 7.1），我試解剖其內容：

1. 中間三角內有「洪」：三畫為天、地、人，代表天和、地利、人和三合之意，是為三合會或天地會，也即是洪門。

2. 中間四方角內：「共同和合，結萬為記」，為洪門口號。「家后」、「飄」、「見」代表（「家后」出現），紀念昔日少林僧侶出征西魯時，康熙皇賜僧侶三角鐵印信一個（內有「家后日山」四字）。

3. 外邊八角形圈內：「千變萬化」，「龍不正便，不開洪關」三句文字顛倒書寫。有入天地會詩句：「天生日月本姓洪，地分南

圖 7.1a

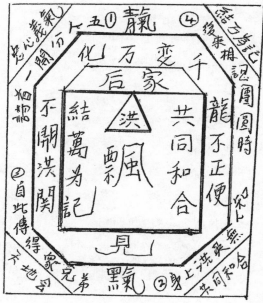

圖 7.1b

北任飄風，會盟結義兄弟眾，反正開關便見龍」。

4. 最外八角形圈內：將詩句：「五人分開一首詩，身上洪英無人知，自此傳得眾兄弟，後來相認團圓時」，顛倒混亂安排。上行中間加上「青」「氣」合成一字，代表「天」，下行中間加上「黑」「氣」合成一字，代表「地」，意是「天地會」。

5. 腰屏左上三角內 ——「結萬為記」，又可能是「千變萬化」合併為一個怪字。

　腰屏右上三角內 ——「忠心義氣」合併為一個怪字。

　腰屏左下三角內 ——「共同和合」合併為一個怪字。

　腰屏右下三角內 ——「天地會」，又可能是「金木水火土」，合併為一個怪字。

　　域多利致公堂洪門會員鄭景福的腰屏（1927 年 10 月 4 日），由他的兒子 Bryan Chong 提供給我。（圖 7.2）

1. 中間四方角內有五行：

　（甲）中間長方形內，由上至下：

　　1)「見」字下三角，每角有圓圈，三個圓圈代表「三塊洪石頭」，紀念五僧在「二板橋」橋下踏上此三石而過河。

　　2) 三角兩旁「家后」「日山」，紀念昔日僧侶出征西魯時，康熙皇賜僧侶三角鐵印信一個 ，內有「家后日山」四字。

　　3)「三川口」代表「洪順堂」：五祖方大洪為二房，堂號「洪順堂」。

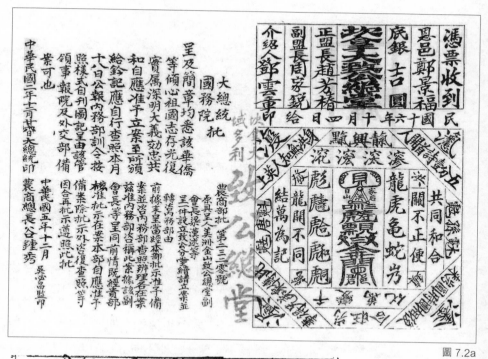

圖 7.2a

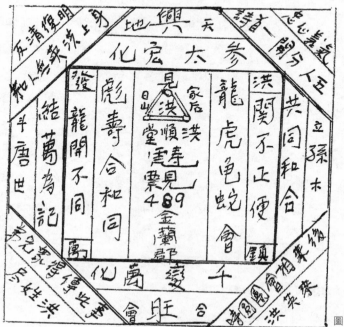

圖 7.2b

4）（虎壽）合成一字：五祖方大洪，起義旗號「虤」，打「虤」字。

5）（票見）合成一字：代表「飄現」。

6）X╪久＝489：洪門最高職位為山主，加稱「大路元帥」，代號為「489」。

7）金蘭郡：五祖方大洪，配以「金蘭郡」，分配於廣東、廣西省。

（乙）兩邊長方形內：升斗詩內有「彪壽合和同順應，龍虎龜蛇會兩京」。

（丙）最外兩邊長方形內：「龍不正便，不開洪關」為洪門暗語，混亂寫為「關不正便，龍開不同」。詩曰：「天生日月主姓洪，地分南北任飄風。會內聯盟兄弟眾，反轉開關不見龍」。

（丁）四方角內之四角：「洪」「發」「萬」「鎮」代表洪門發展全國各地。

2.　四角形外邊有二行字：

（甲）內四行：

1）左右兩行：「共同和合，結萬為記」，為洪門口號。

2）上行：「參太宏化」：木楊城四面城門守將：東門韓朋，「參」字；南門鄭因，「太」字；西門韓福，「宏」字；北門李昌國，「化」字。「參太宏化」為洪門暗語，意是兄弟義氣交往，分佈各處。

3）下行：「千變萬化」。

（乙）外四行：

1）左右兩行 —— 左行：「木」「立」，中間加「孫」字；右行：「斗」「世」，中間加「唐」字，其實是「木立斗世，興旺孫唐」。《西魯敍事》記載：雍正十二年，姚必達聯盟五虎大將，改立「天地日月」分派，拜天為父，拜地為母，拜日為兄，拜月為嫂。「天地日月」有別名：天姓「興」，地姓「旺」，日姓「孫」，月姓「唐」。

2）上下兩行 —— 上行：「天」「地」，中間加「興」字；下行：「會」「合」，中間加「旺」字，其實是「天地會合興旺」之意。

3）四過方角外邊八角形圈內有二行字。

（丙）內行：「五人分開一首詩，身上洪英無人知，事此傳得眾兄弟，後來相會團圓時」。

（丁）左上三角內 —— 「忠心義氣」合併為一個怪字。

右上三角內 —— 「反清復明」合併為一個怪字。

左下三角內 —— 「洪英來」合併為一個怪字。

右下三角內 —— 「盡姓洪」合併為一個怪字。

第八章

「天運」
年號的來歷

　　民國以前，中國採用皇帝年號及干支歲次紀年。例如同治元年，歲次壬戌年（即 1862 年），至同治十三年，歲次甲戌年（即 1874 年），同治在位 13 年。接着是光緒元年乙亥（1875 年）至光緒三十四年戊申（1908 年），在位 34 年。溥儀是清朝最後一位皇帝，年號宣統，在位只有三年，宣統三年，歲次辛亥年（1911 年），為中國用皇帝年號紀年最後的一年。

　　域多利致公堂神壇兩邊對聯，左邊上聯「致富有良謨同扶祖國」（圖8.1），旁邊記載「天運丁未年　月吉日」（圖 8.2）。1988 及 1989 年，我受聘整理百加委路公園所收藏致公堂文獻時，看見數本祭五祖捐冊，上寫「天運丙戌吉月念五日」（圖 8.3），數本祭萬雲龍進支部，上寫「天運甲辰九月初九日」（圖 8.4）。香港之洪門福義興公司收條也用「天運」（圖 8.5）。「天運」是甚麼皇帝的年號呢？我經過多方蒐集資料，才知道「天運」年號，源出多處，多與反清復明之意有關。

　　「天運」來自《莊子·天運篇》[1]，內容跟「天道」差不多，意思是各種自然現象，無心運行而自助；天運五行，先天五行為「命」，「命」是先天注定，任何人都無法改變和選擇；後天五行為「運」，「運」是通過人為的努力，可以改變和選擇，如能藉助上天，更快成功改變。明

圖 8.1

圖 8.2

太祖定大明朝會正殿為「奉天殿」，於皇帝所執大圭上刻「奉天法祖」四字，在與臣下的誥敕命中開首自稱「奉天承運皇帝」。此後相沿成為帝王敕命的套語。傳說康熙時，明崇禎三太子於浙江起義，年號稱天德，其後天地會起義義士，都用天德年號，文獻稱用「天運」。

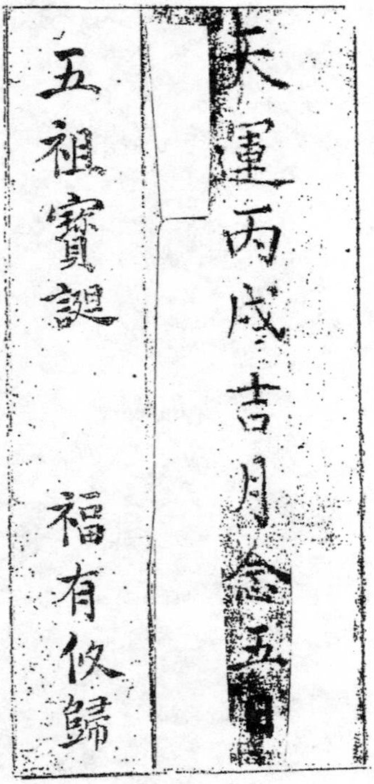

天運丙戌吉月念五□

五祖寶誕

福有攸歸

圖 8.3

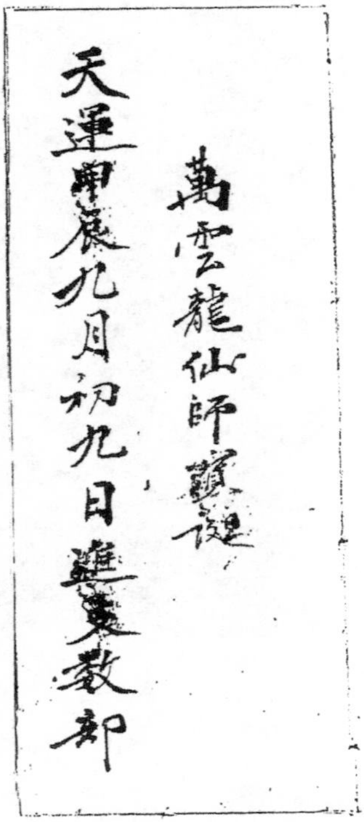

萬雲龍仙師寶誕

天運甲辰九月初九日難憂教卹

圖 8.4

福義興

居住香港收過　底

銀□福義興　正交清公司執單

為據川大丁首关井豆玉

天運　香港福義興月　日票

圖 8.5

　　李崇智編著的《中國歷代年代考》[2]稱，明朝末年之張普薇起義反明；乾隆朝之林爽文及陳同全、道光朝之張丙、咸豐朝之劉麗川，起義反清，皆曾用「天運」為年號。意思可能是人為的努力，加上上天資助，可以推倒民眾不滿的政府。

　　孫中山於 1903 年加入洪門，當時加入洪門的會員名冊，尚保存於檀香山，內寫「天運甲寅癸卯年，吉月十一日念五念四日，在會館大放洪門招賢納士」。孫中山後來說：「滿族佔據華夏將三百年，其運作應已告終，以後即為漢族中興之運。『天運』二字，即漢興滿亡之表示。我們用它做同盟會年號，更可吸收全國秘密會黨與我們合作共事。」

　　早在光緒年間，洪門內部開始用「天運」年號代替「光緒」年號，意含不承認清王朝，獲得上天之助，興漢亡清。海外洪門，更明目張膽使用「天運」。因此，域多利致公堂神壇左邊所載的「天運丁未年」，為光緒三十三年丁未（1907 年 2 月 13 日至 1908 年 2 月 1 日）。洪門前五祖於雍正十二甲寅年（1734 年），七月廿五日在龍虎山升旗起義反清革命，故後人選七月廿五日祭五祖，捐款冊上寫「天運丙戌吉月念五日」，實為光緒十二丙戌年七月二十五日（1886 年 8 月 24 日）。祭萬雲龍進支部上寫「天運甲辰九月初九日」，為光緒三十年甲辰九月初九日（1904 年 10 月 17 日）。香港洪門福義興公司收條也用「天運」代替「光緒」年號，表示不承認滿清朝廷。

註

（1）　見《莊子外篇》〈第十四天運〉。

（2）　李崇智編著《中國歷代年代考》，北京，中華書局，2004 年。

第九章

「洪拳」與
「洪門」的關係

　　清末有一本俠義小說《聖朝鼎盛萬年青》（又稱《乾隆巡幸江南記》，民國初年改稱為《乾隆遊江南》），書中提及福建少林寺至善禪師及門徒方世玉、洪熙官等，並說「洪拳」是由洪熙官所創。這是尚未證實的說法。傳說《萬年青》是由天地會結社時，輯會簿資料而成，洪門有詩句：「武從何處學習，在少林寺學習，何藝為先，洪拳為先。」洪拳詩：「武藝出在少林中，洪門事務我精通，洪拳能破西達子，萬載名標第一功。」尚未證實的是「洪拳」是否是洪門天地會，假託少林寺所傳習的一種拳術？另一傳說，「紅拳」是在元明朝間在陝西一帶發展的拳術，為中國最古老的拳術之一。其後加上其他拳術，而演變為「洪拳」。很多洪拳弟子奉至善禪師為洪拳祖師爺。

　　黃飛鴻弟子林世榮（1861－1943 年）於 1930 年左右所寫的《工字伏虎拳略歷》，稱清兵火燒福建省少林寺後，逃出僧侶四散各處，至善禪師逃至廣州海幢寺棲身，在寺內教授陸亞彩拳術功夫。陸亞彩年老時，將拳術傳予黃泰，大約在咸豐年間，黃泰傳其子黃麒英（1810－1886 年）。黃麒英為當時廣東十虎之一，後將洪拳傳其子黃飛鴻（1847－1924 年）。鐵橋三（原名梁坤，1813 年－1886 年，橋手功夫獨

到，故人稱「鐵橋三」），將鐵線拳傳給弟子林福成，後來林福成傳鐵線拳予黃飛鴻。黃飛鴻再傳武功給弟子林世榮、凌雲偕、莫桂蘭等。中華國術總會林鎮輝及趙式慶之《工字伏虎拳》[1]一書稱，十九世紀時，廣東省已代替福建省成為南方武術的中心。黃飛鴻和林世榮之新洪拳套路有洪拳三寶（工字伏虎拳、虎鶴雙形拳及鐵線拳）、五形拳、十形拳（五形五行拳）等。他們之洪拳系統，已發展為嶺南地區主要的拳術。

　　洪門的《西魯序》和《西魯敍事》，皆沒有提及至善禪師和陸亞彩，只說蔡德忠、方大洪、馬超興、胡德帝、李式開五祖逃出少林寺。天地會可能起於康熙時代，但沒有嚴密的組織。根據正史，清廷於乾隆五十三年（1788 年）三月平定林爽文起義後，嚴加鎮壓台灣及福建省的天地會。因此會員紛紛逃入廣東。又可能洪門五祖方大洪，抵達廣東省後，假託至善禪師之名，傳授洪門拳術，以習武為名，秘密發展地下組織，繼續進行反清活動。洪門有詩句：「猛勇洪拳四海聞，出在少林寺內僧，普天之下歸洪姓，相扶明主定乾坤。」

　　另一相傳，在道光二十年間（1840 年），洪門兄弟黃坤為至善禪師得意弟子，設武館於潮陽，傳下羅漢拳、梅花手、五行拳、伏虎拳等福建傳統武術。後逃至東莞，授洪拳於祖廟，徒弟過千。咸豐四年六月十一日（1854 年 7 月 5 日），陳開帶領洪門兄弟在佛山起義反清，頭裏紅巾，稱為紅巾軍，名義是反清復明，但亦可能是政府腐敗，民不聊生，官逼民反。李文茂、陳顯良等在廣州北郊響應。起義失敗後，廣州武術師傅避免清政府追查，將「洪拳」，改稱為「洪家拳」。「洪拳」為廣東「洪、劉、蔡、李、莫」五大拳之首，被南派武術界公認為南拳中之精華。南派很多門派，開拳禮多是「五湖四海」手勢。

　　中華國術總會行政總監趙式慶，乃研究「洪拳」之專家，他稱南中國的洪拳分兩類：閩南「老洪拳」，保存古樸風格；珠江三角洲的「新洪拳」，可能受北方「紅拳」等拳術影響而發展，黃飛鴻之「虎鶴洪拳」便是「新洪拳」代表之一。趙式慶稱至善禪師為洪拳祖師爺，只是後期口頭的傳說，並沒事實證明。早期，「老洪拳」武術館的祖先祭壇，擺放白鶴先師的靈牌，拜祭白鶴先師為洪拳師祖，而不是至善禪師。趙式慶師傅並稱十九世紀後之天地會文獻，才有「洪拳」之名稱，所以不能確定至善禪師是否洪拳之祖師爺。

　　筆者多謝趙式慶武術師傅閱看此文，提供很多寶貴意見及資料，更改錯誤，值此鳴謝。

註

（1）　Lam Chun Fai and Hing Chao, *Hung Kuen Fundaments: Gung Gee Fok Fu Kuen*, Hong Kong, International Guoshu Association, 2013.

第十章

洪門
反清起義

　　根據加拿大洪門資深會員曹建武於 1930 年編成的《致公堂復國運動史》手稿[1]，稱洪門起義共有十七次。陳近南於雍正甲寅十二年（1734 年）七月廿五日，發起洪門反清起義。萬雲龍主帥身亡，洪門將領先後殉難，朱洪英失蹤。此為首次洪門反清起義。

　　乾隆五十一年（1786 年），林爽文領導洪門起義，不出半年，佔了半個台灣島，林爽文改乾隆五十一年為天運丙午年，清廷要派幾萬清兵，才能平息起義，林爽文被捕受斬。這是第二次洪門反清起義。起義失敗後，很多洪門義士，出走南洋，向華僑宣傳反清革命。

　　嘉慶二十三年（1818 年），數千三合會員在廣東省起義，被清兵擊敗於梅嶺，此是第三次反清起義。其後三合會員與瑤族聯手揭竿第四次討清，但失敗而散。道光二十九年（1849 年），新加坡洪門三合會領袖陳正成潛回廈門，與廈門洪門領袖密商起義，以事機不密，抵埠尚未登岸，已被清吏捕去，受刑死於獄中。廈門三合會領袖黃威知悉後，率南洋會員數千人，佔領廈門，宣佈討清，失敗後返回南洋，此是第五次反清起義。當黃威於廈門起義時，上海小刀會領袖劉麗川與陳阿連等，率領洪門兄弟起義，攻入上海道衙門，逐走上海道台吳健章，清軍與租界

外人聯手反攻，洪門軍死傷甚眾，劉陳敗逃，此是洪門第六次起義。洪秀全混合天地會與基督教之組織、思想和儀式，創立拜上帝會，藉之以建立太平天國。於道光三十年（1850 年）六月，於廣西金田村發難，洪門義士多助之。但洪秀全貪功，稱帝自為，更利用天主教，因此洪門頭目多散去，這也是洪秀全失敗的其中一個原因，此為洪門第七次反清起義。

光緒十二年（1886 年），三合會三千餘人於惠州之寧山起義，另有四百名工人，由香港馳往援助，是為洪門第八次起義，亦以失敗告終。光緒十七年（1891 年），哥老會首領李豐謀起事於鎮江，託西人購軍械六萬元，事洩被拘，餓斃獄中，此為第九次反清失敗。光緒二十四年（1898 年），三合會領袖李立亭、洪振年等起事於廣西鬱林，疊破名城，閱時十月始敗，此為洪門第十次起義。孫中山在香港成立了興中會，其同學鄭士良為三合會領袖，向孫中山建議，聯合起義，電長江一帶哥老會，派代表赴香港，與孫中山會晤[2]。

光緒二十六年（1900 年）的惠州三洲田起義，也是以三合會為基本骨幹。幫會首領鄭士良與三合會首領黃福等，聚集六百位洪門會員，六月在惠州府歸善縣的三洲田起義，夜襲沙灣，抵達三多祝，四處前來投軍者達兩萬餘人，其中大多為三合會成員。[3] 卒因乏餉械接濟而失敗，此為洪門第十一次反清。同年安徽省哥老會頭目符煥章在大通起事，湖北湖南之哥老會會員均聞風響應，後窘於資而敗，此為洪門第十二次起義。

光緒二十八年（1902 年）除夕，以洪全福名義舉行的廣州起義，實際領導人是澳洲三合會會員謝纘泰及其父親謝日昌。洪全福是洪秀全

三弟子之一，曾入洪門，太平天國失敗後，逃亡香港。在香港結識了謝纘泰父子，並被他們委託負責召集洪門兄弟，謀於十二月三十日晚炸廣州萬壽宮起事。興中會的李紀堂，繼承了父親上百萬港幣的遺產，慷慨捐出起義所需要的 50 萬元經費。[4] 洪全福於十二月二十六日由香港返回廣州，起義前夕，二十餘起義義士因被告密而被捕，被拘處死或監禁二十年，洪全福化裝逃回香港，此為洪門第十三次起義失敗。

　　光緒三十年（1904 年），湖南哥老會龍頭馬福益與黃興派人往廣西，請哥老會領袖陸阿發起義。陸阿發與哥老會會員攻破柳州，得槍五千桿，兩廣總督派大兵來剿，馬福益招集會員，擬於十月十日在湘五路舉事，以壯聲援。詎料陸阿發失敗被擒，馬福益遭殺害，此為洪門第十四次反清失敗。光緒三十二年（1906 年），江西萍鄉哥老會之礦工起義，馬福益舊部於湖南醴陵、瀏陽響應，與兩江總督之兵激戰，彈竭而敗，此為洪門第十五次起義。

　　1910 年十一月，孫中山於馬來亞檳榔嶼（Penang，Malaya）與革命黨員秘密會議，議決翌年春季在廣州起義。[5] 昔日荷蘭、法國、英國政府不准革命黨在其東南亞殖民地公開籌款反清，所以孫中山決定前往加美，呼籲當地華僑捐款協助革命。香港商人李紀堂在香港屯門青山東南麓山坡，經營 250 畝大的農場，與外界十分隔離[6]，辦事處在一座紅磚建築的二層高三開間洋樓（圖 10.1），孫中山就用這座紅樓為革命基地，收藏槍械、糧食，以備來年返廣州起義。宣統三年三月二十九日（1911 年 4 月 27 日）同盟會黃興與廣東三水徐茂均等，率領 130 名黨人，攻打兩廣督張鳴歧督署，起義失敗後，黨人死亡眾多。事後，發難中犧牲及被捕處死之革命黨員，合葬於黃花

崗。國民政府成立後，此役犧牲者姓名及籍貫，可稽查者只有 72 名。
1918 年，國民政府興建黃花崗七十二烈士墓園（圖 10.2）。是次廣州起
義，歷史上通稱為「黃花崗之役」，為洪門起義反清最壯烈之役。全加

圖 10.1

圖 10.2

洪門民治黨總部主委鄭炯光稱，72 烈士中內有 68 人是洪門兄弟[7]。黃花崗七十二烈士墓園內的記功坊疊石台，正面有 72 塊獻石，後面有 72 塊獻石，共 144 塊獻石，其中有 29 個加拿大捐獻之石碑，來自下列各埠：古壁埠（Quebec City）（圖 10.3）、滿地可（Montreal）、多倫多（Toronto）、坎問頓（Hamilton）、頃市頓（Kingston）、濕沁厘（Subury）、雷振打（Regina）、沙市加寸（Saskatoon）、舞市阻（Moose Jaw）、卡加利（Calgary）、列必珠（Lethbridge）、片市魯別（Prince Rupert）、新西敏寺（New Westminster）、温哥華（Vancouver）、域多利（Victoria）、波蘭佛、典的市、夏路役、列加夫埠、劣孔列姐兩埠、笠巴市篤埠、那市此埠、波蘭頓埠、片市打佛埠、多抗喜罅市[8]。其後國民政府再兩三次審查，續得 13 名烈士姓名，因此，國民政府於 1932 年，加設立一座「補書辛亥三月二十九日廣州革命烈士碑」，刻上他們的姓名和籍貫（圖 10.4）。其後再經審查，證實李祖恩烈士，沒有列入「補書廣州革命烈士碑」內。現確定廣州起義中犧牲的 72 烈士，應該後補上 14 名犧牲烈士，共 86 人。

廣州起義之初，加拿大域多利及温哥華致公堂將樓宇按押借款，匯數萬與黃興等為軍費。此役失敗後，加拿大多倫多致公堂將樓宇賣去，電匯萬元往香港，資助逃往香港之革命志士離港他去，此為洪門第十六次起義。

同盟會中的激進分子於 1907 年 8 月，在東京成立共進會，其骨幹多為同盟會內的哥老會、三合會、三點會等的首領[9]。當張之洞招募新軍時，很多共進會會員加入，因此新軍內的士兵，很多是洪門兄弟。武昌起義實際是由新軍和以哥老會為主體的共進會，共同發動和領導。宣

加　大　會　墊　古　中　華　國
國　民　會　分　部　獻　石
PRESENTED BY
THE CHINESE NATIONALIST LEAGUE
QUEBEC　CANADA

加　大　會　買　路　役　市　中　華
國　國　民　會　分　部　獻　石
PRESENTED BY
THE CHINESE NATIONALIST LEAGUE
HALIFAX　CANADA

圖 10.3

圖 10.4

統三年八月十八日（1911 年 10 月 9 日），孫武在漢口共進會總部製造炸藥時，不慎引起爆炸，當局大肆搜捕。在此緊急情況下，城內新軍工程第八營宣佈起義，10 月 10 日，先後攻佔武昌和漢陽、漢口，各地革命黨和洪門兄弟，紛紛響應。三藩市黃三德領導五洲致公堂，四出籌餉，加拿大洪門二次設籌餉局，鼓勵全加洪門兄弟捐款協助武昌起義，共匯回國之軍餉達二十餘萬元，此為洪門之第十七次起義。洪門支持復國運動，出錢出力，最後卒告成功，中華民國成立。

其實洪門兄弟參加起義反清，不只十七次。在太平天國起義影響下，廣東各地天地會紛紛舉兵起義。他們頭裹紅巾，或腰纏紅帶，稱為紅巾兵或紅兵，以「反清復明」或「順天行道」為口號。咸豐四年（1854年）五月十三日，何六首先在東莞石龍鎮起義。是年六月十一日，陳開與劉杜川（劉麗川之弟）等，率天地會會員在佛山起義。六月十六日，陳金剛等率領數千三合會或員，於北江起義等等[10]。咸豐三年（1853年）五月二十二日，台灣天地會首領林恭與王光贊、林芳等，打起太平天國旗號，於台南鳳山縣起義，失敗後，林恭、王光贊等被俘[11]。光緒三十三年（1907 年），潮州黃岡起義。潮州黃岡一帶洪門的勢力很大，逾數百人加入革命軍，於四月十一日（5 月 22 日），由革命軍黨人許雪秋、余通等領導攻打黃岡。是年四月二十二日（6 月 2 日），歸善和博羅兩地洪門首領陳純等，在惠州歸善七女湖，集合百餘人起義，參加起義者除本地三合會會員外，還有許多新加坡洪門成員參加[12]。此外還有廣西天地會首領王和順、黃明堂等在廣西鎮南關起義等洪門反清活動。

註

（1） 曹建武 1930 年所編之《致公堂復國運動史》，易名為《洪門參加辛亥革命史實》，登刊於温哥華，《大漢公報》，1978 年 9 月 25 日至 12 月 18 日，第四章〈洪門之屢次起義〉。

（2） 簡建平〈中國洪門民治黨全加第廿三屆代表大會議案錄〉，《洪門簡史》，多倫多，一九七五年九月十四日，第 31-32 頁。

（3） 秦寶琦《江湖三百年》，香港，三聯書店（香港）有限公司，2012 年，第 138-139 頁。

（4） 秦寶琦《幫會與革命》，香港，三聯書店（香港）有限公司，2013 年，第 86 頁。

（5） Hsueh Chun-wu, *Huang Hsing and the Chinese Revolution*. Stanford: Stanford University Press, 1961, p.83.

（6） 羅香林〈國父策劃革命的紅樓〉，《名流》，第 22 期，1980 年 7 月 10 日，40-41 頁。

（7） 王楠、馬尚〈洪門與辛亥革命〉，温哥華，《大華商報》，2010 年 11 月 6 日。

（8） 盧洁峰《黃花崗》，廣州，廣東人民出版社，2006 年，第 62-71 頁。

（9） 秦寶琦《幫會與革命》，同上，第 103-104 頁。

（10） 同上，第 33-34 頁。

（11） 邵雍《中國近代幫會史研究》，上海，人民出版社，2011 年，第 50-54 頁。

（12） 秦寶琦《江湖三百年》，同上，第 139 頁及第 142 頁。

下篇

楓葉國裏話洪門

第十一章 | 百加委路「洪順堂」：洪門始祖，1863

　　1858 年加拿大菲沙河發現金沙後，大批華人淘金者紛紛由美國進入加拿大，沿着菲沙河北上到加利布（Cariboo）地區（圖 11.1）。百加委路鎮（Barkerville）為該區最大市鎮，1863 年，約有三千名華人聚居於市鎮南邊之唐人街。1868 年 9 月 16 日，該鎮市中心發生火災，火勢向南吹往唐人街，不到兩小時，全鎮大部木屋被燒毀。後經統計，全鎮 116 間木屋被燒毀，30 間為華人擁有，華人房屋、貨品、財物等損失，共達五萬三千九百元[1]。災後市鎮立即重建，但唐人街屋宇已大大減少了。1869 年 9 月 18 日，卑詩殖民地總督麥基夫（Governor Anthony Musgrave）到訪百加委路，當地居民興建四座臨時牌樓歡迎他，華人在唐人街，用樹幹和樹葉組成一座臨時中國式牌樓（圖 11.2），並掛上炮竹，歡迎總督到訪。當時華人人口達五千名，唐人街內成立了七個堂所：岡州會館（地段 7）、明義堂（地段 10）、黃江夏堂（地段 11）、周愛蓮公所（地段 72）、致公堂（地段 69）、太平房（地段 83）、育善堂（地段 67）、曾三省堂（地段 81）、洪順堂（地段 62）（圖 11.3）。但到 1870 年代初期，淘金時代已開始衰落。百加委路唐人街，於 1879 年，只有 159 個華人，約 8 間商店。至 1910 年代，唐人街只有 35 個華人居民，

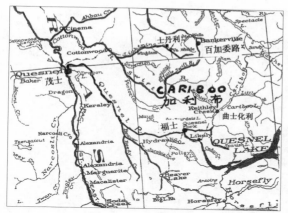

圖 11.1

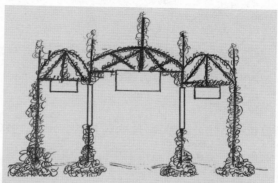

圖 11.2

6 間商店還存在。1940 年代後，百加委路鎮居民差不多已離開，很多木屋日久失修而消滅或十分破爛，百加委路鎮名存實亡。

　　卑詩省政府於 1959 年 1 月 12 日，將荒廢的百加委路淘金鎮重建為百加委路省立公園，並從 1980－1981 年開始，將破爛木屋重修，回復 1870－1880 年代之面貌（圖 11.4）。並聘請一位學生 Perry Keller 將洪順堂和致公堂的歷史文獻編號。他的報告書稱百加委路所收藏致公堂 1882－1910 的文獻，來自干尼路福士埠（Quesnelle Forks）[2] Susan M. Lambeth 編寫 1885 年前百加委路鎮內華人姓名、職業、商店、社團等歷史，及鎮內還保存之華人用品及文獻資料。[3] 1988 年卑詩省政府將公園歸省立傳承地產局管轄（Provincial Heritage Property）。傳承地產局於 1988 年和 1989 年 7 月，聘請我往百加委路，對他們所收藏的洪門文獻進行整理（圖 11.5），並進行初步翻譯的工作。這項工作，使我能看閱昔日只有洪門兄弟才能看閱到的秘密文件。洪門文獻分別

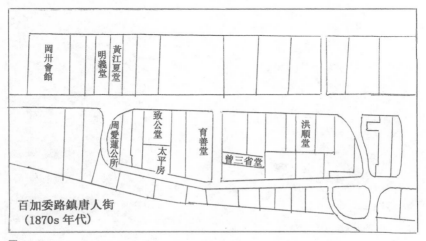

圖 11.3

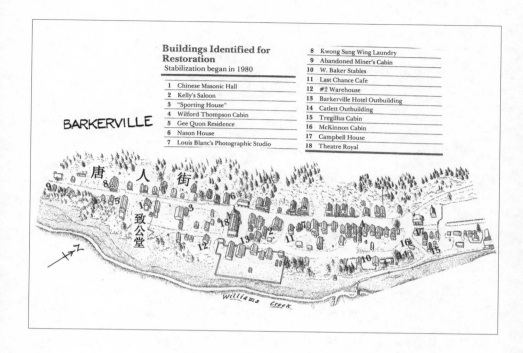

Buildings Identified for Restoration
Stabilization began in 1980

1　Chinese Masonic Hall
2　Kelly's Saloon
3　"Sporting House"
4　Wilford Thompson Cabin
5　Gee Quon Residence
6　Nason House
7　Louis Blanc's Photographic Studio
8　Kwong Sang Wing Laundry
9　Abandoned Miner's Cabin
10　W. Baker Stables
11　Last Chance Cafe
12　#2 Warehouse
13　Barkerville Hotel Outbuilding
14　Catlett Outbuilding
15　Tregillus Cabin
16　McKinnon Cabin
17　Campbell House
18　Theatre Royal

BARKERVILLE

唐　人　街

致公堂

Williams Creek

圖 11.4

圖 11.5

存在 32 盒內，其中 11 盒內文獻及文物已有編號。

洪順堂

　　在十九世紀中葉，美國加州的華人移民大部分來自珠江三角洲地區，其中不少是洪門兄弟，是十二梯，名「洪順堂」、「金蘭郡」。1850年，「洪順堂」在加州金礦地區成立，曾分為多個堂口，如「協勝堂」、「致公堂」、「萃勝堂」、「秉公堂」等，其中以「致公堂」勢力最雄厚。後大批美國華人湧往加拿大菲沙河淘金，1863 年，百加委路鎮三千名華人中 80% 是美國洪順堂兄弟。相傳美國加州礦工黃深貴，廣東開平人，為洪門成員，於 1863 年在該鎮成立「洪順堂」，這是「洪門」在加拿大之開山始祖。堂內附設「義興公司」及「建新公司」，專責發展洪門財務福利計劃，介紹會員入職，安置住宿等工作。洪順堂堂所於 1868年被大火燒毀。我於 1990 年夏天，在溫哥華訪問洪門元老徐發起，他回憶說，他於 1952 年到干尼路（Quesnel，昔日稱茂士，Quesnelle Mouth），聽到八十多歲的洪門老叔父李漳說，他 1882 年左右到百加委路，聽聞一些老叔父說，這埠以前有間洪順堂，但大火已燒毀了。根據 Susan M. Lambeth 的研究，於 1870 年左右，百加委路洪門兄弟籌資以 Sam Wha 的名義，向 Samuel Walker 購買位於 62 地段的木屋，作為住宿之用[4]。後洪門兄弟人口大減，1914 年後，宿舍木屋已空置。1934年 1 月 2 日，木屋賣給 S. Dabovich 等人。昔日簽名出賣木屋的九位洪門負責人為 Dear Song、Lem Chung、Lim Ciue、Joe Yip Tai、W. Jan、Lam Dan、W. Fong、Chaw Yuen and Ching Hong。這可能就是

全鎮的洪門兄弟。Dabovich 用木屋作為麵包店。到 1930 年代後期，木屋已不存在，只是一塊空地。

　　洪門兄弟於 1874 年左右，購買位於 69 地段的木屋，重建「洪順堂」（圖 11.6）。後面的小木屋用作「太平房」（病房）。根據 1881 年前與洪門有關的文獻，如洪門新會員入會名冊、拜祭勸捐部、購物貨單、欠數部等，皆寫「洪順堂」，（圖 11.7）[5] 很多文獻有洪順堂的印信，（圖 11.8）三角上左圈是日，上左圈是月，意是明朝，三角內是「洪順堂」合併符號。1882 年後與洪門有關的文獻，才有「致公堂」之名[6]。1887－1888 年後之洪門文獻內再沒有「洪順堂」之名。由此推斷，百加委路洪順堂於 1882 年開始改稱致公堂。Dear Song，由 1917 年開始任加利布區之洪門大佬[7]。他於

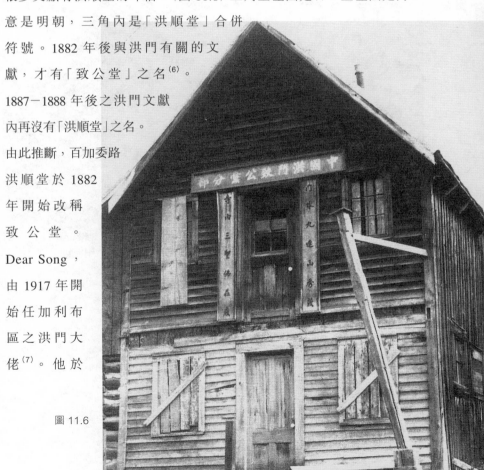

圖 11.6

圖 11.7　　　　　　　　　　　　　　　　　　圖 11.8

圖 11.9

1934 年稱，過去 40 年來，他負責打理 69 地段的致公堂堂所，堂所於
1930 年代出售後，改為 Prince George Restaurant 。 [8] 省政府於 1980 年
開始重修致公堂堂所 [9]（圖 11.9）。大門一副對聯：「門外九連山秀茂，
寺內三聖佛莊嚴」。九連山乃指福建浦田縣之九連山，三聖指儒、釋、道。

註

（1）　"Burning of Barkerville", The Cariboo Sentinel, Sept 29, 1868.

（2）　Perry Keller, The Chi Kung Tong in Barkerville, Barkerville Historic Park,
1980.

（3）　Susan M. Lambeth, The Chinatown Component in Barkerville, Victoria:
Ministry of the Provincial Secretary and Government Services, Heritage
Conservation Branch, Vol.I and Vol.II, March 1981.

（4）　Susan M. Lambeth, op. cit. Vol. I, p.83.

（5）　洪門 1882 年前文獻編號：980.291.1 -10 。

（6）　洪門 1882 年後文獻編號：980.291.11, and 980.253.1 A-G, 2-5 。

（7）　Susan M. Lambeth, op.cit., Vol. II, p.185.

（8）　Perry Keller, op.cit., 1980, p.4.

（9）　Susan M.Lambeth, op.cit., Vol.I, p.93.

第十二章 「致公堂」之建立，1876－1912

　　洪門前輩曹建武於 1903 年編《致公堂復國運動史》，是手抄本，原稿收藏四十八年之久，未有刊印。1977 年，中國洪門民治黨加拿大總支部主委簡建平將該書手稿交給《大漢公報》林介山總編輯在《大漢公報》連載，備為洪人研究資料，此書於 1978 年連載於《大漢公報》，為使該書更接近事實，林介山將書易名為《洪門參加辛亥革命史實》[1]。

　　根據外史《洪福異聞》稱：同治三年（1864 年），湘軍攻陷天京後，十六歲的幼天王洪福，在輔王楊輔清等護持下南逃，其後赴美國加州，創立洪門組織。隱語「三水共合」即是「洪」，「洪福齊天」，隱指幼天王洪福。因此楊輔清及洪福，被推崇為美國洪門始祖。

　　曹建武的《致公堂復國運動史》記載，稱同治四年（1865 年），楊輔清與洪門兄弟赴美國，宣傳反清，隨時隨地拜會，未有固定堂所。直至同治八九年間（1869、1870 年間），盟長梁羅、黃贊猷、陳才等籌建堂所於三藩市，定名為「致公總堂」。致公堂之名稱，其來源有四說：一說因洪門分五房，別稱「致公、忠公、教公、協公、業公也」；二說「致公」仿自忠義堂，取「大公無私」之義；三說，「致公」取自「同宗致公」之意；四說為「致公」乃「致力為公」之意。

檀香山洪門致公堂，堂外對聯為「致遠任重揚忠義，公爾志私繼前賢」。

茂士致公堂，1876 年

卑詩省森林管理員 Les Cooke，於 1960 年在荒棄多年的干尼路福士（Quesnelle Forks）淘金埠內，發現一塊長木板，刻了加利布地區（Cariboo District）最早成立的致公堂歷史和條例。這木塊借給三位卑詩大學教授研究。他們的研究文章內附有拍攝木板上的中文[2]（圖 12.1）。可惜這富有歷史價值的木板，後來不知所終。

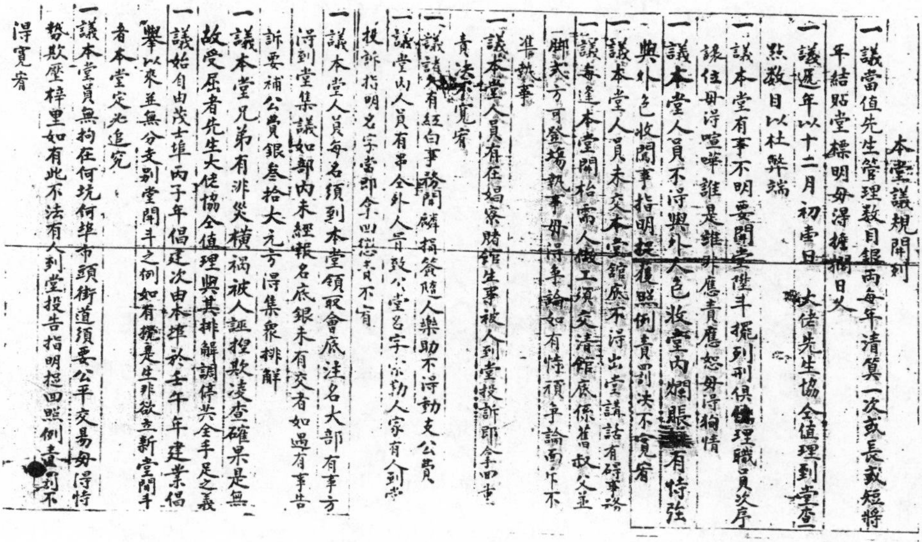
本堂議規開列
一議當值先生管理數目銀両每年清算一次或長或短將
年結貼堂標明毋得拖擱日久
一議逓年以十二月初壹日 大佬先生協仝值理到堂查
點數目以杜弊端
一議本堂有事不明要開堂陞斗擺列刑俱值理職員次序
議任毋得喧嘩誰是誰非應責應恕毋得狥情
一議本堂人員不得與外人色妝堂內爛賬有恃強
與外色收閙事指明捉獲照例責罰決不寬宥
一議本堂人員未交本堂館底不得出堂講話有碍事務
一議每逢本堂開枱需人做工須交清館底係舊叔父並
一脚式方可登場執事毋得爭論如有恃頑爭論而作不
准執事
一議本堂人員有在娼寮賭館生事被人到堂投訴即拿四重
責決不寬宥
一議誠有紅白事務鄰捐簽隨人樂助不得動支公費
一議堂內人員有串仝外人冒致公堂名字亦勒人家有人到堂
投訴指明名字當即拿四懲責不宥
一議本堂人員每名須到本堂領取會底注名大部有事方
得到堂集議如部內未經報名底銀未有交者如遇有事告
訴要補公費銀叁拾大元方得集衆排解
一議本堂兄弟有非災橫禍被人誣捏欺凌查確果是無
故受屈者先生大佬協仝值理與其排解調停共全手足之義
一議始自由茂士埠丙子年倡建次由本埠於壬午年建業倡
舉以來並無分支別堂開斗之例如有攪是生非欲立新堂開斗
者本堂定必追究
一議本堂員無拘在何坑何埠市頭街道須要公平交易毋得恃
勢欺壓梓里如有此不法有人到堂投告指明捉回照例責罰不
得寬宥

圖 12.1

　　干尼路福士（Quesnelle Forks）的木板內記載一條：「始自由茂士埠丙子年倡建，次由本埠於壬午年建業，倡舉以來，並無分支別堂開鬥之例。如有攪是生非，欲立新堂開鬥者，本堂定必追究。」當時三位卑詩大學教授，找不出「茂士埠」是甚麼地方？以為可能是 Moose Heights。後來我經過多時研究和實地考察，才找出昔日干尼路茂士（Quesnelle Mouth），華僑曾譯為「茂士埠」，1864 年後改稱干尼路（Quesnel）。當年的干尼路福士（Quesnelle Forks），華僑曾譯為「福士埠」。由此可知在加利布地淘金區，首個致公堂，於光緒二年丙子年（1876 年），在茂士埠（Quesnelle Mouth）成立。第二個致公堂，於光緒八年壬午年（1882 年），倡建於福士埠（Quesnelle Forks）。1882 年前，加利布地區內其他埠鎮沒有致公堂。

　　在 1860 年代淘金時期，茂士埠為進入加利布金礦區的交通站。淘金時代過後，當地居民轉為農夫，經營農場。域多利中華會館於 1884－1885 年成立，現在還存有昔日卑詩省各埠所登記之會員記錄，共有 5,056 名。茂士埠有 405 名會員，77% 來自開平縣[3]，大部分是洪門人士，經濟力強，甚至域多利致公堂也寫信要求協助籌款，例如 1880 年底，茂士致公堂何沃鋒大佬請求當地致公堂兄弟，捐助已去世的域多利甄章兆大佬及其子松奧之後嗣（圖 12.2）。1880 年 11 月，茂士創立義興公司捐緣部。凡洪門兄弟，每人捐底銀一元五角（圖 12.3）。

　　我於 1989 年 7 月往茂士埠（今日稱干尼路埠，Quesnel）實地考察，蒙當地博物館主任史達絲（Ruth Stubbs）的幫助，在舊相片中，找到一張木屋相片，屋上寫了「致公堂」三字，這真是寶貴的茂士致公堂堂所相片！（圖 12.4）我訪問當地華僑如 Jimmy Chow，和當地歷

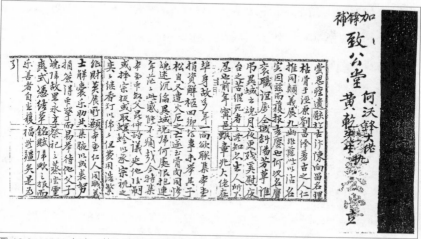

圖 12.2　1880 年底，茂士致公堂沃鋒大佬協助域多利致公堂籌款。

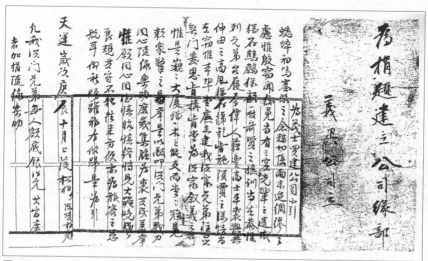

圖 12.3　1880 年 11 月，茂士創立義興公司捐緣部。

史學家如 Branwen Patenaude 等，知悉昔日唐人街位於巴魯道（Barlow
Avenue）。致公堂堂所建於巴魯道和 Reid 街之交界處（圖 12.5），目前
是多倫多道明銀行之所在地。1925 年 6 月 25 日，唐人街被一場大火燒
成灰爐，致公堂堂所也被付之一炬，殊為可惜。

福士致公堂，1882 年

　　福士埠於 1860 年為加利布金礦區的供應站，1870 年代，曾有
五千多居民，大部分是淘金華工（圖 12.6）。1884－1885 年，福士埠有
180 名華人，49% 來自台山縣，他們向域多利中華會館登記為會員。
1882 年致公堂成立，據百加委路歷史學會之友湯馬士（Richard Thomas
Wright）介紹，1880 年代，Ah Kim 為致公堂首領[4]。堂所日久「瓦面
頹崩，地板穿斷」，致公堂大佬於光緒廿七年辛丑年九月廿九日（1901
年 11 月 9 日），要求洪門兄弟每人捐一元，協助重修致公堂堂所（圖
12.7）。1910 年代，福士溪金沙減少，大部分淘金人往他處尋金。至
1934 年，福士埠已衰落了，只有大約三十個居民。阿錦（Ah Kim），
又名黃錦，是致公堂大佬。他有四女一兒，兒子叫黃哥金（Wong Kuey
Kim）1954 年 1 月 20 日，黃哥金被發現凍死於離他木屋半里外的路
邊，他是福士埠最後一位當地的原居民。福士埠內的空屋大部分破爛
倒塌。至 1986 年，省政府文物保護部（Heritage Conservation Branch）
調查福士埠內，約有二十間木屋已毀，只見其地基（圖 12.8）。約尚存
二十間木屋，大部分已十分破爛，沒有支柱，整個屋頂，落在地上（圖
12.9）。可以認定的六間華人木屋，其中一所是致公堂，一所是華人廟，

圖 12.4

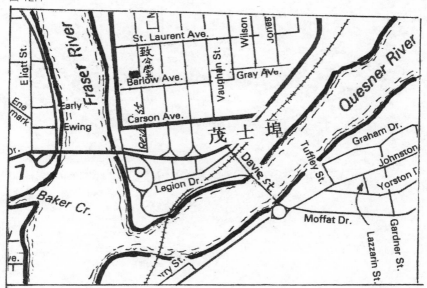

圖 12.5

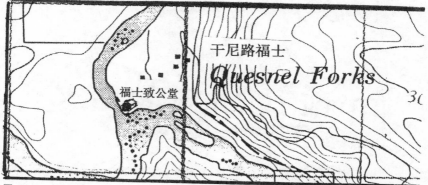

圖 12.6

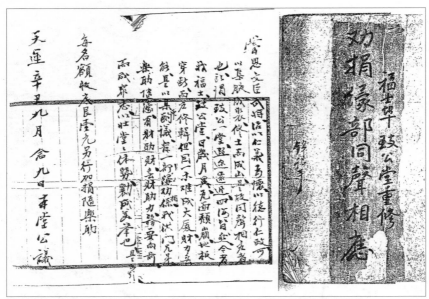

圖 12.7　1901 年 11 月 9 日，福士（Quesnelle Forks）致公堂重修勸捐緣部。

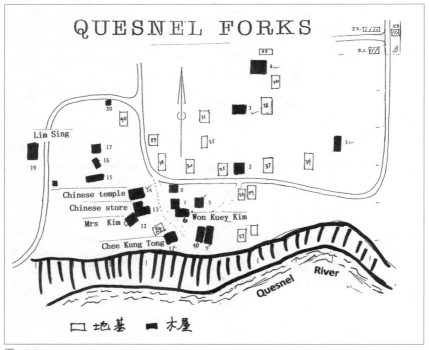

圖 12.8

圖 12.9

一所是華人商店，三所是華人住所。

我於 1990 年 7 月 21 日，與百加委路歷史城（Barkerville Historic Town）管理主任 Bill Buackenbush 和規劃師 Jean McDonald，駕車往加利布地之的淘金區，翻山越嶺，行車四百多公里，到達福士埠（Quesnelle Forks）。該埠已是廢墟，位於河邊的福士致公堂堂所，1901 年重修，故比其他木屋還保存完整（圖 12.10）。我看見屋內的木樑上，一些模糊字體，如「廈之光輝」、「Ｘ番和合」、「利益綿長」等。其後，達博（Pearl DeBolt）女士購買了致公堂堂所，將騎樓拆除（圖 12.11），並將堂所內的文獻等，送給百加委路歷史公園保存。因為河水的沖擊、侵蝕和氾濫，接近河邊的致公堂堂所，隨時可能倒下河中（圖 12.12），當地關注保存堂所的傳承人士，於 1999 年將堂所遷離河岸，修繕保存。

域多利致公堂，1876 年

根據曾建武《致公堂復國運動史》記述，光緒二年間（1876－1877 年之間），林立晃、趙喜、葉惠伯、李祐耀等，由美國西雅圖埠

圖 12.10

圖 12.11

圖 12.12

來抵域多利，倡議組織致公堂，我參看域多利之英文報章《殖民地報》
(*Colonist*)，該報 1877 年 1 月報導 Chang Kee (張記，音譯) 之葬禮[5]，
說他是一個華人秘密社會會員，該會約已有三十名會員。《殖民地報》
又於 1879 年一月報導酒樓老板 Yip Jack 之葬禮[6]，說他是屬於 300 至
400 會員之華人社團，有人稱之為 Freemasons。1884 年 5 月又報導
Chen Chu 之隆重葬禮[7]，說他是中國共濟會兄弟之首領 (Grand Master
of Chinese Masonic Fraternity)。這三篇報導，證明域多利致公堂於
1876 年已存在，但當時組織規模不大，未有正式會所。《殖民地報》於
1884 年首次報導協勝堂[8]，說有一個人在製造協勝堂之旗桿過程中，
衣服、斧頭、鋸被人偷去。《殖民地報》於 1886 年又報導三位協勝堂
首領，因犯罪被法官判入獄[9]。根據一些域多利老華僑記述，域多利
早期只有洪門致公堂，其後有人成立協勝堂，要對抗致公堂，但勢力薄

弱，很快便被致公堂打垮了。

　　我在百加委路公園局致公堂文獻中，找到一份域多利致公堂於乙酉年仲夏（即陰曆五月）（1885 年 6 月至 7 月之間），發出的《域多利埠重建致公堂勸捐緣部》（圖 12.13），內稱「創造樓宇一座，內分三層，上供關聖帝君，祖師寶座，暨列聖威靈，中二層為旅次公堂，慶集團同人，解紛排難」。此外，我又找到一份金礦市鎮 Stanley（士丹利埠）之威林士灣致公堂（Williams Creek），發出域多利致公堂勸捐告示，日期為丙戌年六月（1886 年 7 月）（圖 12.14）。域多利《殖民地報》於 1886 年 9 月 26 日報導，致公堂用 9,000 元，在 22-24 Comorant Street（冚巴嵩街），興建了一座樓，於 25 日開幕[10]。由上列文獻及報章報導，可知域多利致公堂昔日位於「戲院巷」內（即 22-24 Cormorant Street）的堂所，只是一間小木屋，於 1885 開始請各地致公堂資助，改建成一座三層高的木樓，堂所於 1886 年 9 月 25 日開幕（圖 12.15）。

　　域多利致公堂日漸擴大，會員眾多，收入日增。《殖民地報》於 1898 年 3 月報導，致公堂約有 200 名會員[11]，大佬為 Quong Yuen（又名 Quong Cum Yuen），為協隆號（Hip Lung Co）經理，於當年二月逝世。1899 年 7 月 3 日，李容佑代表致公堂，以他個人名義，用 2,600 元，向 Joshua Davies 購買 615-621 Fiegard（菲斯格街）之樓宇[12]。《殖民地報》於 1900 年 11 月報導，致公堂於 11 月 23 日將關帝由破舊廟宇木樓，遷往菲斯格街之新磚大樓，這是致公堂第二個堂所[13]。

　　1908 年 7 月 4 日，域多利致公堂正式在政府註冊為社團，名稱「Chee Kong Tong Society」，由主席馬延遠、秘書 Tom Jonkin 簽署[14]。因此，李容佑可以於 1910 年 2 月 5 日，以一元將堂所轉售給致公堂[15]。

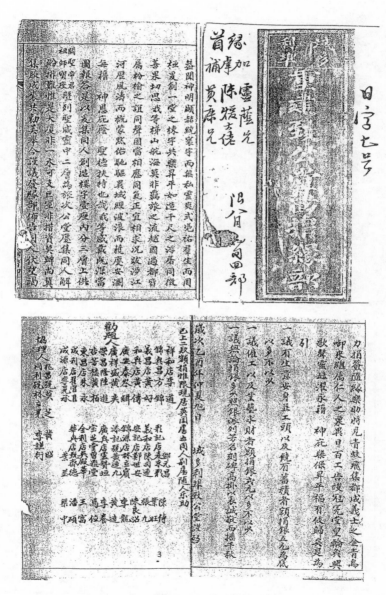

圖 12.13　光緒十一年（1885 年）域多利致公堂重建堂所勸捐緣部。

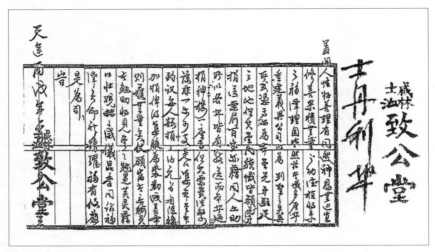

圖 12.14

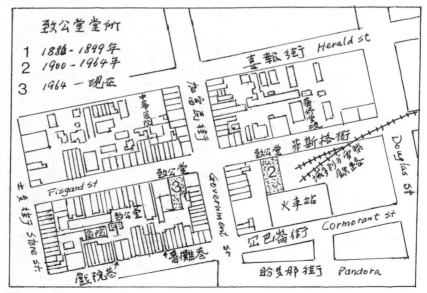

圖 12.15

其他城鎮致公堂，1877－1912

洪門資深會員簡建平於 1983 年所編的特刊[16]，稱除了茂士、福士和域多利三間致公堂外，1877 年至 1881 年間，卑詩省（British Columbia）內九個城鎮已成立了致公堂：威林士灣（Williams Creek）、士丹利（Stanley）、曲士化利（Keithley）、冽吾（Lytton）、新西敏寺（New Westminster）、參臣（Johnson）、波士頓巴（Boston Bar）、乃磨（Nanaimo）和冚巴崙（Cumberland）。

雷民盼、楊國榮、簡建平所編的特刊[17]稱，1882 年至 1885 年，致公堂先後成立於卑詩省內十個城鎮：雅利（Yale）、干尼路福士（Quesnelle Forks）、干尼路（Quesnel）、車梨域（Chilliwack）、占美利士（Chemainus）、夭寅米（Union Mine）、比尹（Bevan）、當近（Duncan）、蘭拿（Ladner）、甲巴喜路（Cobble Hill）。百加委路洪順堂於 1882 年亦改稱為致公堂。1885 年，全加拿大有 23 個致公堂，全部位於卑詩省內 23 個市鎮。1885 年後，加拿大太平洋鐵路完成，華人移民開始往中部及東部市鎮求生，致公堂也開始在其他省份成立。1886 年至 1912 年，43 個致公堂在 43 個城市成立[18]：

1. 卑詩省（British Columbia）有 23 個：溫哥華（Vancouver）、砵坎文（Port Hammond）、埃市卞笠（Ashcroft）、錦碌（Kamloops）、穩寧（Vernon）、暗市黨（Armstrong）、沙面暗（Salmon Arm）、笠巴市篤（Revelstoke）、葛梨（Courtenay）、尼路慎（Nelson）、片市左珠（Prince George）、片市魯別（Prince Rupert）、媽力（Merritt）、始市（Trail）、更布碌（Crankbrook）、企連打

（Kelowna）、片市頓（Princeton）、砵亞板爾（Port Alberni）、款爾（Fernie）、老市倫（Rossland）、加蘭福（Grand Fork）、加拉貓士（Keremeos）、典爾備。

2. 亞省（Alberta）有 6 個：卡加利（Calgary）、庇利麼（Blairmore）、保埃倫（Bow Island）、列必珠（Lethbridge）、尾利填血（Medicine Hat）、點問頓（Edmonton）。

3. 沙省（Saskatchewan）有 2 個：沙市加寸（Saskatoon）、雷振打（Regina）。

4. 緬省（Manitoba）有 1 個：温尼辟（Winnipeg）。

5. 安省（Ontario）有 8 個：多倫多（Toronto）、倫敦（London）、坎文頓（Hamilton）、蘇信美利（Sault Ste Marie）、温沙（Windsor）、聖卡頓（St. Catherine）、且砧（Chatham）、峨崙（Welland）。

6. 魁省（Quebec）有 2 個：滿地可（Montreal）、古壁（Quebec City）。

7. 路華斯高斯亞省（Nova Scotia）有 1 個：夏露法斯（Halifax）。

註

（1）　曹建武 1930 年所編之《致公堂復國運動史》手稿，易名為《洪門參加辛亥革命史實》，登刊於温哥華《大漢公報》，1978 年 9 月 25 日至 12 月 18 日。

（2）　Stanford M.Lyman, W. E Willmott and Berching Ho, "Rules of a Chinese

Secret Society in British Columbia", *Bulletin of the School of Oriental and African Studies*, University of London, Vol. XXVII, Part 3, 1964, pp.530-539.

（3）Chuenyan David Lai, "Home County and Clan Origins of Overseas Chinese in Canada in the Early 1880s", *B C Studies*, No. 27, Autumn, 1975, pp3-29.

（4）Richard Thomas Wright, *Quesnelle Forks: A Goldrush Town in Historical Perspective*. Barkerville: Friends of Barkerville Historical Society, Box 34, July 1987. p.78.

（5）*The Colonist*, Victoria, 21 January, 1877.

（6）*The Colonist*, Victoria, 5 January, 1879.

（7）*The Colonist*, Victoria, 24 May, 1884.

（8）*The Colonist*, Victoria, 22 November, 1884.

（9）*The Colonist*, Victoria, 13 Novembeer 1886.

（10）*The Colonist*, Victoria, 26 September, 1886.

（11）*The Colonist*, Victoria, 1 March, 1898.

（12）田土廳紀錄號碼 DD17399：Lot 599, Block N。

（13）*The Colonist*, Victoria, 25 November 1900.

（14）田土廳紀錄號碼 13838。

（15）田土廳紀錄號碼 DD17399。

（16）簡建平編著《中國洪門在加拿大，1863－1983》，溫哥華。1989 年 9 月初版，第 13 頁。

（17）雷民盼、楊國榮、簡建平編《溫哥華洪門民治黨百年三慶紀念特刊，1888－1988》，溫哥華，1989 年 10 月出版，第 4-5 頁。

（18）根據曹建武 1930 年所編的《致公堂復國運動史》稱，陳文式、葉惠、趙亨、林德樞等，於光緒十八年七月廿五日（1892 年 9 月 15 日），於溫哥華成立致公堂。

第十三章 《大漢公報》及《洪鐘報》始末

　　温哥華基督教徒周天霖、周耀初等，於光緒三十二年（1906年）合資創辦《華英日報》[1]，從中國聘崔通約來加為主筆，偶因登載粵吏搜捕康黨新聞一則[2]，保皇黨訟《華英日報》於當地法院，後因《華英日報》經濟不支，於1908年停刊。數位温哥華致公堂會員，以私人承購其印機及字粒，創辦《大陸報》，宣傳革命反清，與保皇黨之《日新報》，屢起筆戰，因而屢鬧訟案，耗訟費不少，終於破產，於宣統元年（1909年）五六月之間停刊。温哥華致公堂大佬陳文錫、書記黃璧峰、司庫岑發琛等[3]，以革命事業，非有言論機關宣傳不可為，立即集資收購《大陸報》印機及字粒等工具，於宣統二年（1910年）創辦《大漢日報》來鼓吹洪門與革命，館建於上海街（576-578，Shanghai Street）。1911年，孫中山曾用《大漢日報》信箋給域多利林禮斌致信（圖13.1）。《大漢日報》其後遷往加魯街（443-445，Carrall Street）（圖13.2）。初擬聘請胡漢民為主筆，因胡不能來加，於是孫中山派香港《中國日報》社長馮自由，以教員身份進入加拿大，擔任《大漢日報》主筆，努力宣傳革命。馮於光緒三十年（1904年），在日本橫濱已加入洪門之三合會，但與同盟會關係尤為密切[4]。《大漢公報》前董事長洪門元老伍澤濂先生稱：

The Tai Hon Yat Bo Publishing Company Limited
THE CHINESE DAILY NEWS

576-578 Shanghai Street,
VANCOUVER, B.C. March 5th 1911

禮斌仁兄大鑒昨日雲埠致公堂巴滙銀九百元來城以還貴行之數想已送楚矣此地公堂一時未能也賣故無由多動公欵惟埠上同志捐助甚勇大約二日內當可先滙一二萬元回國應急此城華捐欵尚無要領務望牽率先提倡以爲鼓舞蓋救國即保家理當盡義務庶不負祖國同志也身捨命之昔日已一集有成就望此下隨時代滙香港便一交匆匆不盡欲言專此敬候義安不一弟孫文謹啓　西三月五号

圖 13.1

報日漢大
"THE CHINESE DAILY NEWS"
PUBLISHED BY
TAI-HON YAT-BO PUBLISHING CO. LIMITED.

PHONE SEY. 7032. P.O. BOX
THE ONLY CHINESE DAILY
PUBLISHED IN CANADA
ESTABLISHED 1908
ENTERED AT THE POST OFFICE AT
VANCOUVER, B.C. AS SECOND
CLASS MATTER.　TEL. ADDRESS
"TAIHONBO"

VOLUME 3 NO. 126　　443-445 CARRALL ST., VANCOUVER, B.C.　　SATURDAY, AUGUST 1st. 1914.　　$7.00 PER YEAR

陰歷六月十十日　（第叄卷第一百二十六號新聞紙）　中華民國三年八月翌月日
喊線詩磨七百零九十二號　（禮拜六日）　本報信箱二百六十號

圖 13.2

「馮自由主持報政後，鼓吹革命，宣傳革命也就成為《大漢日報》的宗旨。當時保皇黨勢力日漸衰落，為了改變被動局面，該黨的《日新報》連發專論，向《大漢日報》挑戰，與馮自由針鋒相對，駁論竟達二百餘篇，為海外兩黨最持久的筆戰。」[5]洪門元老雷民盼稱，孫中山來加，成立洪門籌餉局，支援廣州黃花崗起義，加僑捐款成績最優，這與《大漢日報》之大力宣傳不無關係[6]。

《大漢公報》，1915 年

民國四年（乙卯年）十月初一，即公元 1915 年 11 月 7 日，《大漢日報》改稱為《大漢公報》（圖 13.3 及圖 13.4）。因經費不足，發展緩慢。1919 年 12 月 14 日，全加洪門首屆懇親大會在域多利舉行。議決整頓《大漢公報》的運作，但仍不完善。第九屆懇親大會，於 1939 年 10 月 19 日在卑詩省溫哥華召開，議決將報館徹底改組，改為董事制。由董事產出總理，有管理報館一切之權。洪門元老伍澤濂稱：「《大漢公報》歷經時代風雨，資金一直就是一個大問題。我在任《大漢公報》董事長時，最重要的工作之一就是要找錢。曾經有一段時間，《大漢公報》缺錢，不得不向皇家銀行借錢，可是皇家銀行不肯借，我就用自己的信用去借錢。有一段時間沒錢給員工發薪水，我就給銀行打電話，叫銀行先借錢給《大漢公報》，有了錢我們就給員工發薪水。」[7]伍澤濂先生又稱：「至於報務，無時不在力謀改進，由一張增至兩大張，銷量逐日增加，平面印機不敷需求，乃改購滾筒式新機，加快出報速度（圖 13.5），一九七九年三月廿九日起，增版為三大張，之後再增為六大張。」[8]

圖 13.3

圖 13.4

片 影 室 器 機 報 本

圖 13.5

　　1990 年代後，大批香港華人移民來到加拿大，《星島日報》及《明報》隨之在加拿大發展，他們資金充足，信息量大，《大漢公報》難以抗衡，勉強支撐至 1992 年，因經濟問題，宣佈停刊。 1971 年 11 月，溫哥華洪門將所存之《大漢公報》（1914 年 8 月至 1971 年 12 月）贈予卑詩大學亞洲圖書館保存[9]，大學已將報紙用縮微法，攝製成縮微膠卷，給溫哥華民治黨一份。

《洪鐘報》，1926 年

　　中國國民黨於 1917 年在多倫多創立黨報《醒華報》，時常批罵洪門，洪門欲要辯駁，但沒有自己的傳媒。加西《大漢日報》，路途遙遠，鞭長莫及。必須在加東創設報館，協助洪門。多倫多致公堂於 1926 年

籌劃與憲政黨聯手合辦《洪鐘報》[10]，欲與《醒華報》分庭抗禮。當時憲政黨在多倫多勢力還大，認股者極為踴躍。但憲政黨瓦解後，計劃遂被擱置。後來加東聯合美東洪門人士，經多方努力，終於 1928 年 2 月 21 日出版《洪鐘報》第一期，聘請駐加京副領事葉可樟暫主筆政[11]。開始時是週報，後來改為日報。

　　昔日主辦者，雖有才幹，但缺少辦報經驗，不積極催收廣告費，追討訂戶所欠報費，故連年積欠太巨，無法催收，由是入不敷支。曾經招股數次，亦無法維持，欠落樓主之租，無力清還。全加洪門第十屆懇親大會於 1941 年在滿地可召開，《洪鐘報》總理羅景耀出席大會，提議請洪門昆仲協助，議決仿照《大漢公報》之辦法，改為董事制，由董事產出總理，為攝理報館之權，同時發行公債，向全加洪門昆仲求助，成績極佳。因此《洪鐘報》略有進展，生意漸入佳境（圖 13.6），直至 1957 年，因財政困乏，經濟不支而停版。加東元老黃金灼叔父等，於 1970 年倡議謀求復刊，但未成功。[12]

圖 13.6

註

（1）　李東海《加拿大華僑史》，溫哥華，加拿大自由出版社，1967 年，第 349 頁。

（2）　馮自由〈黃花崗一役旅加拿大華僑助餉記〉，《革命文獻》，第六十七輯，第 202 頁。

（3）　馮自由《華僑革命組織史話》，台北，正中書局，1954 年，第 69 頁。

（4）　曹建武 1930 年所編之《致公堂復國運動史》，易名為《洪門參加辛亥革命史實》，登刊於溫哥華《大漢公報》1978 年 9 月 25 日至 12 月 18 日，〈第八章：大漢公報之鼓吹革命〉。

（5）　黎全恩、丁果、賈葆蘅《加拿大華僑移民史 1858－1966》，北京，人民出版社，2013 年，第 311 頁。

（6）　雷民盼〈大漢公報八十週年紀念獻詞〉，溫哥華，《大漢公報》，1988 年 9 月 24 日。

（7）　黎全恩、丁果、賈葆蘅《加拿大華僑移民史 1858－1966》，同上。

（8）　伍澤濂〈八十週年報慶獻言〉，溫哥華，《大漢公報》，1988 年 9 月 24 日。

（9）　楊國榮 Letter to Asian Studies Division, the University of British Columbia Library, 17 Feb. 1971。

（10）李東海《加拿大華僑史》，溫哥華，加拿大自由出版社，1967 年，第 351 頁。

（11）〈洪鐘報今天出版〉，《大漢公報》，1928 年 2 月 21。

（12）吳培芳、林君編《中國洪門民治黨多倫多支部九十五週年紀念暨歡迎中國洪門民治黨全加第二十八屆代表大會》，多倫多，1989 年 9 月 9 日，第 57 頁。

第十四章

孫中山
加入洪門

　　孫中山於 1894 年 11 月 24 日，在檀香山得到三合會首領鄧蔭南（鄧松盛）的幫助，與何寬、李昌等二十餘人，成立「興中會」[1]。入會誓詞中提出「驅除韃虜，恢復中華，創立合眾政府」，首次向中國人民提出推翻清政府。翌年，孫中山在香港、廣州、惠州一帶建立興中會組織，也得力於三合會首領鄭士良的幫助。興中會的其他重要骨幹，如陳少白、尤列、朱貴全、謝纘泰等，多為幫會中的重要分子[2]。1896 年 6 月，孫中山初次訪美國，發展興中會，但成效不大。一個多月後，由紐約乘輪船往英國倫敦，拜訪康德黎老師，當年 10 月 11 日被清政府捉入領事館，幸獲康德黎救出[3]。

孫中山往加拿大，1897

　　孫中山在倫敦脫險後，翌年（1897 年）7 月初，由倫敦乘輪船赴加拿大，坐火車往西岸乘船赴日本。清政府駐英大使聘 Slaters' Detective Association 偵探社跟蹤孫中山在加拿大的行程[4]，偵探社社員報告：孫中山於 7 月 11 日抵滿地可，13 日乘火車往溫哥華，沿途用 Y.S.

Sims 名字。19 日赴乃磨，20 日乘車往域多利，在域多利逗留十三天，皆由美以美教會華人牧師陳陞階陪同。認識在冚磨崙街（Cormorant Street）英昌隆店主李其燦、李勉辰父子，常談排滿革命之事，此為孫中山在加拿大宣傳革命之始。孫中山於 8 月 2 日乘輪船往日本。當時保皇會之勢力在加拿大正蓬蓬勃勃，威脅孫中山的安全，雖然他的反清宗旨，與洪門相同，但加拿大致公堂以孫中山非隸屬洪門，遂以圈外人視之，不與任何幫助。經過此行後，孫中山知悉加美兩地華僑，十之八九多屬洪門會員，深感到洪門實力雄厚，如欲向美洲宣傳革命，必須加入洪門，獲得洪門信任和支持，才能在加美發展革命工作。

革命黨重要黨員陳少白，認為要聯絡洪門幫會，非先入會不可。於是陳少白請三合會首領黃福在香港為他入會，被封為「白扇」。他聯絡哥老會首領畢永年，請他率領龍頭李雲彪、張堯卿、楊鴻鈞和三合會大佬曾捷夫、林海山、曾儀卿等人，於 1899 年三月間到香港，召開興中會、哥老會、三合會聯合大會 (5)。議決三個會社合併，仍稱興中會，公推孫中山為總會長，此為孫中山與洪門直接發生關係的開始，但此時他還未加入洪門。

孫中山往美國，1904

孫中山於 1903 年赴檀香山，通過兄長孫眉（後來稱德彰）的引線，與三藩市致公堂大佬黃三德初次見面，一見如故，無話不談。孫中山又聽從舅舅楊文納之建議，在國安會館加入洪門，請洪門前輩叔父鍾水養推薦 (6)，於 1903 年冬，與六十餘人同時拜盟，在國安會館舉行入闈禮。

這國安會館就是同興公司，公司內有列名保皇會籍者，竟提議阻止孫中山入會，幸賴鍾水養仗義執言，孫中山遂得入闈。盟主封孫中山為「洪棍」。當時孫中山加入洪門的會員名冊，現在還保存在檀香山。

　　孫中山加入洪門後，於 1904 年三月，乘高麗號郵輪由檀香山赴三藩市。[7] 動身前曾把行程告訴西報記者，希望夏季可返中國，大舉義師，推翻滿清政府。這時檀香山的保皇黨徒仇恨孫中山，探悉孫中山赴美的日期，密報舊金山同黨，向清廷總領事何佑告密，何佑前往美國海關，稱孫中山為中國的「亂黨」，請禁止入境，以保全兩國邦交。果然，孫中山於三月十一日，乘船抵舊金山後，美海關員指孫中山的入境護照是偽造，阻止其上岸，移往碼頭木屋移民候審所羈押。孫中山寫了一封信，求一位賣報外國孩童送信給《中西日報》總理伍盤照，並告訴伍盤照他已加入洪門，請他來移民候審所木屋援救。伍盤照為基督徒，他立即親訪《大同日報》經理唐瓊昌（唐為致公堂英文書記），請致公堂協助。三藩市致公堂由林迎首創，其後由區英運、高經鋸、伍光明、黃三德先後繼任為領袖。大佬黃三德和唐瓊昌知悉孫中山被人陷害，受困於碼頭木屋，大為憤激。立即與伍盤照延聘律師追查，向聯邦工商部上訴。致公堂抵押一幢樓房，獲五百元擔保孫中山出外，聽候美方判決。不久律師得美方覆電，認定孫中山所持護照合法，飭令放行。孫中山被羈留木屋十七天，始恢復自由。致公堂職員與基督教友相處融洽，孫中山與黃三德和伍盤照等商量，借用《中西日報》設備，印發鄒容著的《革命軍》11,000 冊，分寄美洲和南洋各埠，宣傳革命。（圖 14.1）

　　當時舊金山的《新中國報》記者陳繼儼，站在保皇黨立場，與革命黨展開筆戰，孫中山親自撰文互相辯論。全美華僑從此也知道革命與保

圖 14.1　1911 年 5 月 3 日，孫中山在美國芝加哥與同志合影，前排右二為孫中山，前排左二為黃三德。

皇兩者之間的問題立場和主張，才明白洪門和革命黨的宗旨原屬相同。
黃三德和唐瓊昌勸該報主筆保皇黨歐矩甲放棄保皇的主張，參加革命，
歐不從。孫中山於是介紹另一位革命同志接替他的主筆職務，保皇黨在
美的勢力開始衰落，而革命黨勢力因而日益增長。孫中山又假華人長老
會開救國會議，請聽眾購買「革命軍需債券」，募得美金 2,700 餘元，又
獲加州大學鄺華汰教授募得美金 1,300 餘元，捐助孫中山與黃三德，周
遊美國各埠，宣傳革命和募款。

　　致公堂會員佔旅美華僑大半數，但團體渙散，主張分歧。有鑒於
此，孫中山提議以三藩市為致公總堂，引入會員註冊制度，並着手制
訂致公堂新章程，將「反清復明」的宗旨，改變為「驅除韃虜，恢復中
華，創立民國，平均地權」。孫中山預計如果每人交致公堂註冊費美

金三元，以當時美洲七萬華僑計算，可得款項 210,000 元，足以應付國內大舉革命有餘。五洲致公總堂會長李炳富稱，孫中山於 1904 年 4 月中旬，與黃三德由三藩市往沙加緬度（Sacramento），次到尾利允（Marysville）、柯花（Orovile）、高佬砂（Coluse），返回三藩市（San Francisco）[8]。休息二天後，再與孫中山往遊各埠，於四月二十六日，赴斐士那（Fresno）、北架菲（Bakersfield）、羅省（Los Angeles）、山爹古（San Diego）、厘化西（Riverside）、山班連拿（San Bernandino）等埠。八月初三到華盛頓（Washington），再赴費城（Philadephia），十九日抵紐約（New York）。遊美全程三個多月，孫中山在各埠宣傳革命，黃三德勸導各埠華僑登記為致公總堂會員。但很多華僑的父母妻兒都在國內，恐遭清政府之壓迫，故此不願積極支持反清起事。總註冊的成績，因此未能達到理想的目標。十一月初八，孫中山由紐約乘船赴倫敦，將美洲的革命工作，交給致公堂大佬黃三德等辦理[9]。

　　1905 年 7 月，孫中山在日本東京黑龍會會所，與「愛國學社」的蔡元培等社員、「華興會」的黃興、「青年會」的張繼等會員及數十位留學日本的中國學生，商討聯合各類革命組織，成立一個大革命團體。會上有人提議給新成立的組織定名為「對滿同志會」[10]。但孫中山說排滿非革命的唯一目的，還要反對君主專制，創建共和，因此叫「中國革命同盟會」為好。由於擔心「革命」二字於活動不利，最後定名為「中國同盟會」。孫中山提出以「驅除韃虜，恢復中華，創立民國，平均地權」作為同盟會的宗旨。「民國」者，「人民向國家」，人民當家做主的國家。留日學生駱觀明、梁慕光在橫濱發起建立三合會，參加者有馮自由、胡毅生、劉道一、秋瑾等二十餘人。[11]

中國同盟會成立後，孫中山積極宣傳組織工作。於 1910 年 2 月，往紐約、芝加哥、三藩市等十多個美國城市，建立同盟會分會。1911 年 1 月下旬，孫中山再往三藩市，建議美洲同盟會和致公堂聯合，共同為革命籌款。美洲同盟會總會會長李是男（號公俠）和美洲致公堂大佬黃三德商討多次，於 1911 年 6 月 3 日發表聯合聲明宣佈同盟會會員加入致公堂，聯合「以成大群，合大力，而圖光復之大業」（圖 14.2）。同盟會加入美洲致公堂後，孫中山又向美洲致公堂提議，仿照他於 2 月在溫哥華成立「洪門籌餉局」的辦法，組織「洪門籌餉局」。「美洲洪門籌餉局」（又稱中華革命軍籌餉局，對外稱國民救濟局），於 7 月在三藩市設立，黃三德任監督，李是男任局長兼司庫，負責為國內武裝起義籌集經費。美洲洪門籌餉局成立後，匯港幣 10,000 元與黃興籌設暗殺機關經費。孫中山復命籌餉局印「中華民國金幣券」（圖 14.3），規定凡助餉美金五元以上者，發給金幣票雙倍之數，允予於民國成立之日作為國寶通用。1911 年 12 月 25 日，孫中山回到上海，被推選為中華民國臨時大總統。1912 年 4 月 1 日解職，由袁世凱任總統。是年 8 月，同盟會改組成立國民黨。

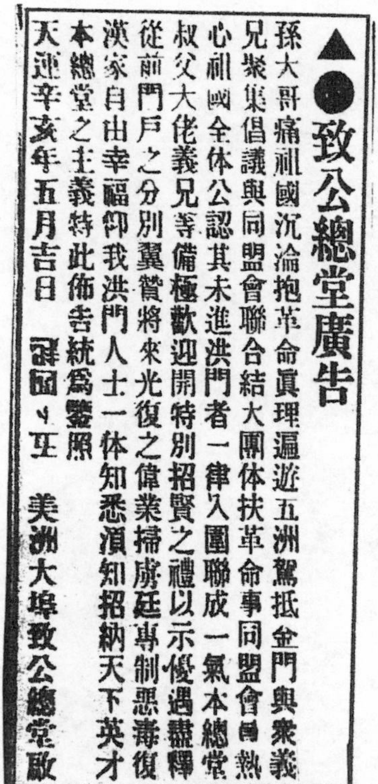

▲●致公總堂廣告

孫大哥痛祖國沉淪抱革命眞理遍遊五洲駕抵金門與衆義
兄聚集倡議與同盟會聯合結大團体扶革命事同盟會固熱
心祖國全体公認其未進洪門者一律入團聯成一氣本總堂
叔父大佬義兄等備極歡迎開特別招賢之禮以示優遇盡輝
從前門戶之分別翼贊將來光復之偉業掃房廷專制惡毒復
漢家自由幸福仰我洪門人士一体知悉滇知招納天下英才
本總堂之主義特此佈告統爲鑒照
天運辛亥年五月吉日　孫文　美洲大埠致公總堂啟

圖 14.2

圖 14.3

註

(1)　馮自由《華僑革命組織史話》，台北，正中書局，1954 年，第 2 頁。

(2)　秦寶琦《幫會與革命》，香港，三聯書店（香港）有限公司，2013 年，第 70 頁。

(3)　孫文《倫敦蒙難記》，北京，中國社會科學社，2011 年，第 144 頁。

(4)　羅家倫《中山先生倫敦被難史料考訂》，上海，商務印書館，1930 年 10 月，第 80 頁。

(5)　李峻峰〈國父領導洪門史蹟數則〉，《中國洪門海外昆仲懇親大會特刊》，台北，1956 年 10 月，第 50 頁。

(6)　眭雲章〈國父與洪門〉，《中國洪門海外昆仲懇親大會特刊》，台北，1956 年 11 月，第 41 頁。

(7)　〈孫中山加入洪門致公堂〉，中國洪門民治黨全加第三十二屆代表大會，倫敦洪門，《民治黨成立第八十一週年及達權社成立第二十週年紀念特刊》，2001 年，第 26-27 頁。

(8)　邵雍〈近代會黨與民間信仰研究〉，台北，《秀威資訊科技》，2011 年，第 26-27 頁。

(9)　李炳富〈洪門與華僑革命史〉，《紀念五洲致公總堂成立 150 週年》，2000 年，第 14-15 頁。

(10)　王海濤《日本改變中國》，北京，中國友誼出版公司，2009 年 12 月，第 55-56 頁。

(11)　秦寶琦《幫會與革命》，同上，第 71 頁。

第十五章 | 洪門籌款 助辛亥起義

　　孫中山於 1910 年 11 月 3 日，在馬來亞檳榔嶼（Penang, Malaya）與逃亡南來的革命黨員秘密會議，鼓勵革命同志勿因起義失敗而氣餒。昔日荷蘭、法國、英國政府不准革命黨在其東南殖民地公開籌款反清，孫中山無法在南洋立足，所以決定前往加美，呼籲當地華僑捐款協助革命。全加洪門民治黨總部主委鄭炯光曾觀看電影「孫中山」，觀後很失望，認為此片只説海外華僑捐獻軍餉，並沒有講述加拿大洪門先人出錢出力，賣樓按業，及購買救國公債等事跡[1]。鄭炯光先生曾數次與有關機構聯絡，提出爭取「國史追認」加拿大洪門的貢獻，但所得只是敷衍回答。前任全加洪門民治黨總部主委鄭今後稱：「孫中山之來美洲，若無致公堂之贊助，則足不能履美加境。無致公堂之衛護，則性命且弗保。無致公堂之變產巨款，則無黃花崗之壯烈。洪門革命事跡，無載正史，實屬痛心疾首。」[2]宣統辛亥年三月廿九日（1911 年 4 月 27 日），黃花崗之役，加拿大致公堂捐款最多，鄭炯光向記者展示一張 72 烈士名單[3]，稱內有 68 人是洪門兄弟，為加拿大洪門復國運動最熱烈之一次。域多利達權總社社長林樹森稱，昔日「由域多利至夏露法斯（Halifax），有 66 個洪門機構，擁有會員 20,000 餘人，華僑中十之八九

為洪門會員。」[4]加拿大洪門資深會員曹建武 1930 年所編的《致公堂復國運動史》，詳述孫中山於宣統三年（1911 年，辛亥年），來加拿大籌募革命軍餉情況，這是第一手珍貴手抄資料，1978 年 9 月才登刊[5]。之前非洪門高層領袖，無從知悉。茲將曹建武之記載，節錄如下：

> 宣統三年正月初八日（1911 年 2 月 6 日），孫中山由西雅圖乘火車抵溫哥華（圖 15.1）。致公堂派陳扳崇、許昌平、黃樹球、馬昌廉等十餘人在車站迎迓。孫中山居於卡羅街（Carrall Street）的活士旅館（Woods Hotel）。翌日，溫哥華致公堂假座片打街（Pender Street）高陞戲院，開歡迎大會，請孫中山演說，孫中山出示革命軍金幣券（圖 15.2），鼓勵聽眾購買金幣券債券，稱革命成功後，可憑券向「民國政府」領回原銀。

　　孫中山大佬、陳文錫副大佬和李壽先鋒，於正月十四日及二月初五日，主持新會員加盟洪門儀式（洪門述語稱「開枱」）（圖 15.3）。孫中山於正月十六日（2 月 14 日）成立「洪門籌餉局」，由陳文錫主持，岑發琛為司庫。溫哥華致公堂首先捐 3,000 加拿大金，發起捐款運動，並鼓勵其他各埠捐款，歷時月餘，共捐得 13,054.80 加金。三月初五（4 月 3 日），溫哥華致公堂接黃興來電，稱革命黨正籌劃在廣州起事，請速匯款。全加洪門盟長郭英華稱「溫哥華洪門，決定把致公堂堂所向銀行抵押借款，結果要到 1945 年，才能籌足款項贖回堂所」。[6]溫哥華致公堂在 24 天內，匯款給黃興六次，共達 18,000 加金，助三月廿九日廣州起義（史稱黃花崗起義）。起義失敗後，溫哥華致公堂於四月初九日，

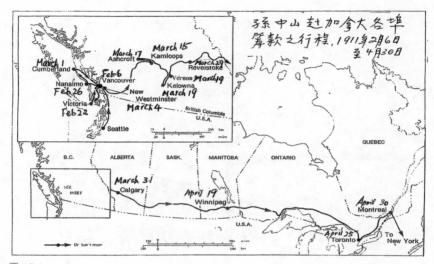

圖 15.1

圖 15.2

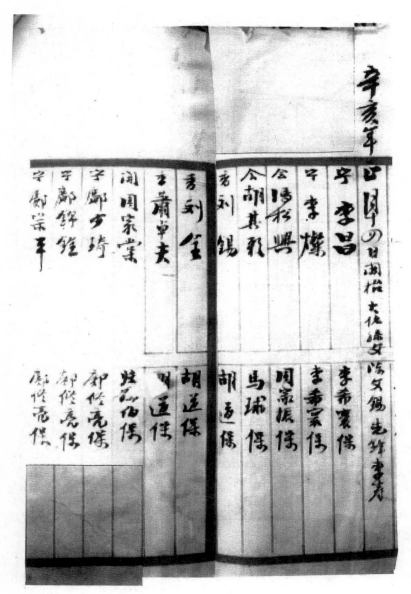

圖 15.3

再電匯港銀 2,000（港銀 3 元約等如加金 1 元），接濟逃往香港之起義志士。孫中山逗留溫哥華一切用費，皆由致公堂供應，旅館、膳食、舟車、電報費等，共 692 加金，其餘雜費，更不可勝數。

　　孫中山於正月二十四日（2 月 22 日）乘船往域多利，域埠致公堂派羅超絲、容家先、林立晃至碼頭迎迓，乘車往域多利旅店。其後在政府街之中國戲院開全僑演講大會，孫中山希望能籌得三十萬元，發難推倒滿清，洪門人士鼓掌贊同，但其餘聽眾，漠不為意，且間有謾罵者。孫中山鑒於在戲院演講效果甚微，翌日只在致公堂開全體會員大會。數日後，致公堂召開第二次全體大會，由盟長馬延遠任主席，溫哥華和新西敏寺（New Westminster）致公堂派黃樹球和李樞代表參加會議，孫中山提議將位於 615-621 菲斯格街（Fisgard Street）之域多利致公堂堂所（圖 15.4），按揭借款為軍餉，林立晃與黃啟賀反對，恐清運未終，樓宇押去，不啻自鋤革命根基。但孫中山說，如革命不成功，他會來加拿大，介紹中山縣僑梓，盡入致公堂，集款將堂所樓宇贖回。如革命成功，他會向政府呈報，還款致公堂，贖回堂所樓宇。[7] 根據域多利田土廳文獻紀錄，超過七十位會員，於 1911 年 2 月 24 日，簽名贊成將堂所向銀行揭押貸款（圖 15.5）。致公堂於 2 月 27 日，將堂所給 the British Columbia Land and Investment Agency 按揭 12,000 加元（圖 15.6）。致公堂立即電匯港銀 30,000 元至香港（圖 15.7），交黃興、趙聲、胡漢民三人收，為黃花崗起義之用。其後獲三人之感謝回信（圖 15.8）。其後三次匯港銀回國供革命軍用，共達 45,000 港元。當時清政府懸紅二十萬元取孫中山首級。保皇黨勢力強大，滿佈加拿大，意欲加害孫中山。因此域多利致公堂議決，按揭獲得借款後，將給謝秋月薪 60 元，隨孫

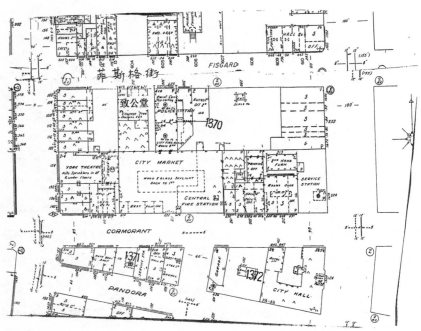

圖 15.4

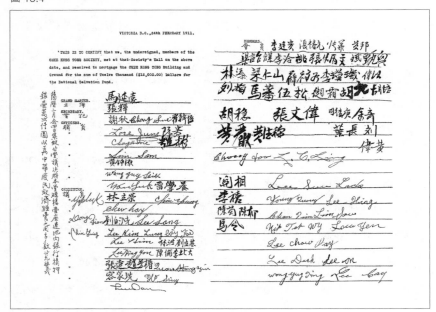

圖 15.5

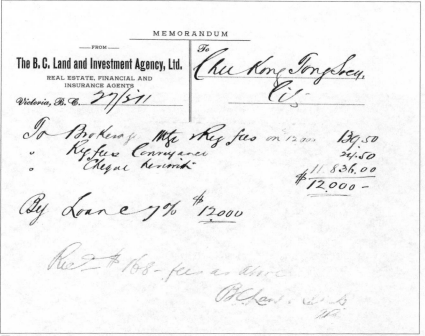

圖 15.6

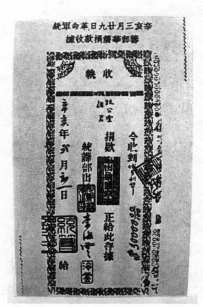

圖 15.7

我公堂之同志列位仁兄大鑒日前日收到貴處匯來軍需費三万元J即電稟J由溫哥華轉還J想已收妥J此間諸事俱已着實進行規畫J以兩粵之事主J而江浙湘鄂古均為布置J往所問題自得貴處巨欵J亦已解決J茲若果州如雲山大舉功者省欵J努力相助J則成功必無J貴處同僚失慶J廣眾以急應軍需J熱度之高J洶為海外所未有J同人材不勝感慨J內足以作戰士之氣J兩他埠同志同仇敵愾J亦勳雖悟代寿常矣J不肖中山君此時尚在英J居于香埠J張公壼情萬相通J若處以大力為倡J想必也有電話報告J便信儅J贊助J机甚迫J現時多得不之往所不止有百十之動力也J事此奉龍泉即頌儘安J平趙声黃興胡漢民頓J初三日收筆一併附呈J希查收J并賜覆示為荷J眾言之備不到之處J英哉J諒荅

電擺
（1横電）
圖書之民僕掏與義步趙

Box. 351 Hong Kong
Cheng Po Hong P.O.
信箱三百五十一号

圖 15.8

圖 15.9（前排）馬球、黃樹球、高超、謝秋
　　　　（後排）李希寰、許昌平、周國、孫文、馮自由、馬延遠、黃佳
　　　　（三排）黃龍傑

中山往加拿大其他埠勸捐，保護孫中山（圖 15.9）。

　　溫哥華致公堂派李丙辰陪同孫中山於正月二十八日（2 月 26 日）往乃磨（Nanaimo），是晚乃磨致公堂會長何就召開大會，五十餘人出席聽孫中山演講。翌晚何就借用聯益番攤館為會場，百餘人到場聽孫中山演講，孫中山請眾人捐助軍餉，得 100 餘金。越日何就和李生偕孫中山和李丙辰沿門往各煤炭工場勸捐，得 700 餘金，兩次捐款共獲 908.50 加金，由何就帶給域多利致公堂，轉寄往廣州，以供革命軍用。

　　孫中山和李丙辰於二月初一（3 月 1 日），由乃磨乘船抵於仁灣（Union Bay），致公堂派林佳、黃沾、張其表等往渡頭迎接，駕車返回冚巴崙（Cumberland），下榻於黃衍往宅。風傳保皇黨黨員盧某擬狙擊孫中山，冚巴崙致公堂委派四人，持槍日夜輪流守護孫中山。翌日，開大會歡迎孫中山演講，到場聽者約六百人。散會後，冚巴崙致公堂主席馬自隆成立「革命籌餉支局」，命陳秤、馬大宗、黃沾，向煤礦場華人礦工逐一勸捐，得 800 餘加金，交溫哥華致公堂籌餉總局，匯回香港以供革命軍用。

　　孫中山返回溫哥華後，於二月初四（3 月 4 日），乘車抵新西敏寺（New Westminster），致公堂設筵九席，歡迎孫中山演講，致公堂立即捐 1,820 加金以為首倡，私人每人最少亦捐 10 加金，先後匯回中國 2,079.50 加金，作為黃花崗之役用途。起義失敗後，又再匯 1,500 加金。

　　二月十五日（3 月 15 日），孫中山偕李丙辰從溫哥華乘火車到錦碌市（Kamloops），致公堂會員謝國彥、鄧松、周家簡、周開琳、梁祉善等廿餘人，在火車站迎接孫中山，下榻於多名人旅店（Dominion Hotel）。翌日，致公堂設筵十席歡迎孫中山，並開演說大會。致公堂

捐 500 加金，各會員共捐 1,200 加金，交溫哥華致公堂籌餉總局。另贈孫中山程儀百元，贈李丙辰二十元，孫中山遂將程儀為加捐軍餉。翌日乘火車往埃市卡笠埠（Ashcroft），即日來回，獲該埠致公堂捐助 100 加元。域多利致公堂獲得借款後，立派謝秋往保護孫中山，謝秋於十八日抵錦碌市。

二月十九日（3 月 19 日），孫中山、謝秋和李丙辰由錦碌市乘火車抵穩寧（Vernon），轉乘船渡奧根拿根湖（Okanagan Lake）到企連打（Kelowna），致公堂會員林樂等三十餘人，率同中華音樂隊在碼頭迎接。下榻於湖景旅店（Lake View Hotel）。翌日致公堂開演說大會，散會後，黃柱、梁廣、林樂、李義等，陪同孫中山沿門勸捐，共捐得 300 餘金。致公堂派陳禎陪孫中山，於二十一日返回企龍拿。

笠巴市篤（Revelstoke）有華僑約百餘人，九成人口以上為致公堂會員。聞孫中山將至，立即發起捐款招待，共得 143.50 加金為招待費。孫中山、謝秋、李丙辰和陳禎於二月二十九日（3 月 29 日），乘火車抵達笠巴市篤，致公堂派吳仕、梅恩、吳桐等十餘人在車站迎接，下榻於中央旅店（Central Hotel）。晚上盟長梅恩召開演說大會，連講兩夜，共得捐款 600 加元（致公堂捐 50 加元），另送給程儀 60 元與孫中山。至夜半，吳仕陪同孫中山返回中央旅店，在房中用電筒遍照各處，以保安全。孫中山感激而言：「滿清政府懸賞廿萬元，購吾首級，今住在海外，賴有洪門手足保護，更可無虞矣。」

三月初二（3 月 31 日），孫中山和謝秋乘火車抵亞省卡加利市（Alberta Province，Calgary），而李丙辰和陳禎則返回溫哥華。卡加利致公堂派雷家燁等四人迎接孫中山，下榻於多名人旅店（Dominion

Hotel），其後在阿芬戲院（Ophun Theatre）開演講會，數日後出發勸募，孫中山在卡加利逗留約三星期，受歡宴三次，共獲捐款 800 餘金，致公堂並送給程儀百餘金與孫中山。列布理冶（Lethbridge）致公堂會員，函請孫中山前往，孫中山因急要東行，不能接納邀請。

緬省溫尼辟市（Manitoba Province，Winnipeg）致公堂會員李松、李雄銳、黃傑等八人，聞孫中山將至，集捐百金送與孫中山為旅費，後來孫中山將此款改捐軍餉。三月廿一日（4 月 19 日），孫中山和謝秋抵溫尼辟，下榻於亞力山大旅店（Alexander Hotel），致公堂開會，孫中山又重申，欲在加拿大籌得三十萬元，為反清之用。其後兩次演說勸捐，共捐得 3,000 餘金。

安省多倫多市（Ontario Province，Toronto）華僑工商，分屬於致公堂或保皇黨，有兩個唐人街，東部唐人街，以保皇黨為中心，勢力強大。西部唐人街，以致公堂為核心。孫中山和謝秋於三月廿七日（4 月 25 日）抵多倫多，致公堂會長譚義等迎之下榻愛德華王旅店（King Edward Hotel），孫中山囑譚義不許人來旅店探訪。每日三餐皆由酒樓送到致公堂進食，嚴防保皇黨人加害。廿八晚，致公堂開大會歡迎孫中山演說及策劃募捐工作。黃興在香港見已購足槍械及其他軍備，立即於三月廿九日（4 月 27 日），帶領革命黨攻打兩廣督署。是日晚八時孫中山接黃興來電，報告起義失敗，死者七十多人，逃至香港者二百餘人，亟待接濟。孫中山請譚義立即籌款萬元，速助流落香港之革命義士，避往他處。譚義立即召開緊急會議，三十九人出席，一致通過，將多倫多致公堂堂所出賣，於三十日招投，卒由吳能以加金 8,260 元投得，但須三個月後交易。譚義即日將樓向多名人銀行（Dominion Bank）按款，

由銀行電匯萬元往香港。其後各會員四出勸捐，共得加金 13,000 餘元，匯返國內供革命之用。孫中山在多倫多逗留四天，用去致公堂電報費 290 金，宴會費 900 餘金，孫中山行時又饋贈百金，使多倫多致公堂日後陷入經濟困境。

孫中山和謝秋離開多倫多往魁省滿地可市（Quebec Province, Montreal），致公堂會長朱開敦及副會長關兆暢，已向會員捐得歡迎費 300 元。四月初二日（4 月 30 日），孫中山和謝秋乘車抵滿地可，彭崇盟長，朱關兩位會長上車迎接，其餘會員數十人，列隊迎於車站外。孫中山立即述黃花崗起事失敗，請致公堂籌款 6,000 加元。當地致公堂立即籌得 5,700 元，孫中山將在多倫多募捐 300 元交出來，足 6,000 元之數，立即寄往香港。孫中山便離開滿地可赴紐約。滿地可致公堂其後再籌得 300 元，歸還孫中山。

根據曹建武之記述，黃花崗起義前後，加拿大致公堂協助孫中山籌得八萬五千多加元（表一）。此外，孫中山在加拿大三個月內，加拿大致公堂支付舟車、旅館、膳食、宴會等費用達數千加元。例如孫中山在多倫多四天，用去多倫多致公堂電報費 290 加金，宴會費 900 餘加金，孫中山行時又饋贐百金。域多利致公堂支付謝秋 5,400 元薪金，在加拿大沿途保護孫中山安全，各地致公堂支付其他雜費，更不勝數。

表一　孫中山在加拿大籌款，1911 年

抵達日期		地點	籌得加金（大約）
2 月	6 日	溫哥華	18,670
	22 日	域多利	27,000
	26 日	乃磨	910
3 月	1 日	冚巴崙	800
	4 日	新西敏寺	3,580
	15 日	錦碌	1,820
	17 日	埃市卡笠	100
	19 日	穩寧，企連打	300
	29 日	笠巴市篤	600
	31 日	卡加利	800
4 月	19 日	溫尼辟	3,100
	25 日	多倫多	21,560
	30 日	滿地可	6,000

資料來源：曹建武 1930 年之記述

溫哥華張康仁正領事於 1913 年 1 月 12 日，寫信給馮自由轉呈國務院，表揚加拿大致公堂對革命的貢獻，總結 1911 年致公堂自捐及集捐革命軍餉，達 112,000 餘加金。

黃興稱是次革命，華僑共捐助港幣近 200,000 元：63,000 元來自加拿大，47,660 元來自英屬馬來亞，32,550 元來自荷屬東印度群島，30,000 元來自法屬印度支那（越南等國）和暹羅（今泰國），及 30,000

元來自美國[8]。加拿大捐款，全部由致公堂籌捐：域多利港幣 33,000 元，溫哥華 19,000 元，其地加埠 11,000 元。這證明黃花崗之役，加拿大致公堂籌款捐助最多，洪門為祖國辛亥革命，作出了不可磨滅的重大貢獻。加拿大洪門元老雷民盼稱，1913 年 10 月 15 日，加拿大總領事盧納由通知致公堂，北京國務院已批准致公堂立案為正式會社，以垂永久。[9] 全加洪門盟長郭英華存有一封三藩市致公總堂首領黃三德於 1923 年 8 日 29 日給域多利洪門校長羅小白的信，內稱中國中央政府於 6 月 3 日，表揚洪門昆仲對中國革命的貢獻，給洪門黃三德、黃任賢、林立榮三人「五等嘉禾章」，羅小白、岑柱珍、陳浩孫、陳珍、伍梓南、梁菊東、黃自強七人得「六等嘉禾章」。此外，林立晃、羅紹然、朱逸庭、黃曉林、李務明等多人，將會被提名給中央政府嘉獎。

註

（1）鄭炯光〈加國洪門與孫中山〉，《大漢公報》，1988 年 9 月 21 日。

（2）鄭今後〈加國洪門與辛亥革命〉，《大漢公報》，1981 年 10 月 9 日。

（3）温哥華，《明報》，2010 年 12 月 15 日。

（4）林樹森〈洪門革命搖籃，孕育中國國民黨。功成肇造民國，反貽巨債險亡身〉，温哥華，《明報》，1997 年 9 月 26 日。

（5）曹建武〈致公堂復國運動史〉，温哥華，《大漢公報》，1978 年 9 月 25 日至 12 月 18 日（1930 年所編之《致公堂復國運動史》，〈第九章　加屬致公堂之勛殊〉。）

（6）趙善樂〈洪門抵押樓房再捐款襄助志士革命〉，《辛亥百週年特刊，1911－2011》，温哥華《星島日報》，2011 年 9 月 24 日，第 11 頁。

（7）黃花崗起事失敗後，孫中山並沒有履行諾言還款。加拿大洪門兄弟，要籌款多年，才能於 1919 年 11 月 28 日，贖回域多利致公堂之堂所。

（8）Hsueh Chun-wu　*Huang Hsing and the Chinese Revolution*. Stanford, Stanford University Press, 1961 p.86.

（9）金刀〈光輝歷程垂青史，洪門豈容抹「黑」〉，温哥華，《明報》，1997 年 9 月 18 日。

第十六章 「達權總社」之誕生

孫中山加入洪門後，獲得美加兩地洪門子弟協助，鼓吹革命。洪門並請革命黨員馮自由為《大漢日報》主筆。孫馮二人，一方面利用洪門，一方面於暗中成立同盟會於溫哥華（舊稱雲哥華）。馮自由所著之《華僑革命組織史話》內記述「加拿大同盟會」：

> 庚戌夏（1910年），馮自由抵雲哥華，有志青年多以發起「同盟分會」。馮以此來最大目的，在募集革命資金。致公堂為當地革命黨之中樞，該堂會員素以老前輩自居。若一旦另立門戶，殊易惹起洪門人士之誤解，故不欲公開組織同盟會，致牽動未來籌餉之大計。因是到加半年，僅秘密收容青年黃希純、吳俠一、黃子錫、黃龍傑、黃蔚生、周連盛、黃傅杏、衛漢、甄一怒、司徒漢民、黃邑、何就、黃元仕、黃榮、湯崇富、伍時均、湯萬、湯宗德、湯添、黃茂、黃林、吳湘鴻等二十餘人。直接間接最勇敢者，亦為此二十餘人。[1]

辛亥年（1911年）正月，孫中山來加發動籌餉，同盟會員假座周連

盛在温哥華所設之紡織公司開歡迎會，會員及有志青年列席者三十餘人。及孫文離埠，洪門籌餉局將事結束，馮始着手組織同盟會。在雲埠先後加盟者，有劉儒坤、葉求茂、楊芳、盤棠、陳榛如、司徒旎、李俊、謝恩、黃璧峰、司徒錫、周鶴年等百數十人。在維多利亞先後加盟者，有高榜（雲山）、朱禮（文伯）、方幹謙、曾暖、黃伯度、司徒衍衢、李翰屏等十餘人。是歲四月召開成立大會，眾舉馮自由為支部長，周連盛為副部長，黃希純為中文書記，會所設於唐人埠以外之區域。蓋是時仍屬秘密的組織，不欲公開活動，以免招致洪門會員之反感也。

同盟會會員在美加兩國漸漸長成，孫中山恐洪門人士不滿，危害革命計劃，故要求洪門人士准許同盟會會員加入洪門。1911 年 5 月 22 日，三藩市致公堂和同盟會聯合宣告，互相接納為會員。因此，很多同盟會會員成為洪門會員，很多洪門兄弟也是同盟會會員。革命成功後，同盟會改組為「國民黨」，擬將致公堂改為「國民公會」，圖將洪門歸併入國民黨[2]，引起同盟會之洪門兄弟，與非同盟會之洪門兄弟分裂。洪門內部面臨破產，因所有產業經已變作貸款，捐助孫中山革命，債主臨門追債，使加拿大洪門內憂外壓，面臨最危險之關頭。但洪門兄弟愛國心不減。國民政府於 1912 年倡辦國民捐，以拒外債，挽主權。域多利中華會館立即設立「中華國民捐局」，域埠致公堂立即加入為名譽勸捐員，温哥華致公堂亦設立中華國民捐局，協助國民政府捐款運動。

域多利中華會館於 1915 年 2 月 28 日開會後，不知是甚麼原因，一位國民黨黨員襲擊一位洪門兄弟，引發埠內國民黨與致公堂之衝突。中華會館立即於 3 月 4 日召開會議，欲調解雙方面的對抗，但不成功。當時六十九位洪門中堅叔父昆仲（表一），堅決豎立洪旗，堅守洪門「義

氣團結，忠誠救國，義俠鋤奸」三大信條，以不變應萬變，於 1915 年 11 月 12 日議決成立達權社，「集同志結團立社為自衛」。域多利達權總社 1916 年 11 月 11 日創立宣言稱：「本社之設，原為保存一己固有之公權，不致被他人欺侮，務期達至目的為止，故名曰達權。」（圖 16.1）前任達權總社書記黃光大，於 1997 年稱：「『達權』二字，是『爭取人權，達我公權』。」(3) 1917 年週年紀念拍的八十一位達權總社社員之照片，還掛在域多利達權總社禮堂內。（圖 16.2）達權社以輔翼洪門在加拿大之生命線為宗旨，保衛致公堂為主義。故達權支社，次第在其他埠成立。

表一　加拿大達權社六十九名創辦人芳名

李濟國	林立榮	黃珠世	李振漢	湯惠予	羅超然	鄭慶仰	林聘吾	
周海疇	司徒煥堂	馬延遠	周家銘	陳有	曾榮	邵瀚	呂麟	周鎏
廖榮	莊伙	吳琪	劉雲波	湯挾	呂鰲	林志穩	李振	李觀蘭
容榮	寧寬	戴安懿	李阜民	李雁朋	胡持重	包在荃	陳和業	
林詔禮	李先	鄭北金	趙容	郭德垣	周亨	余永沾	林南	譚添
譚祥	鄺進	李輝	方顯籌	馬悦	張練	呂寬	黃百萬	林富
鄭燦熙	周澄波	湯接	鄺榮秧	胡福祥	胡添福	湯關	余慶	
黃梓華	黃德	司徒茂	劉學棟	林瑞勳	黃炎	黃昌利	周家驥	周烱旋

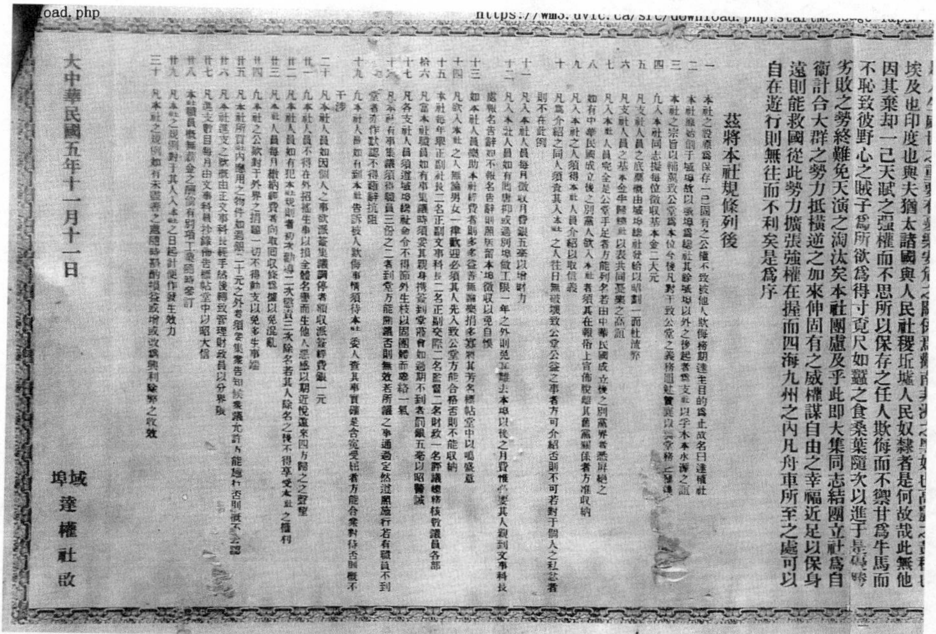

road.php https://wms.uvic.ca/src/download.php?star...

茲將本社規條列後

埃及也印度也土耳其也諸國與人民人民社稷近於奴隸爲何故哉此無他

因其乘卻一己天賦之强權而不思所以保存以禦侮而不蹶甘爲牛馬奴

不恥於彼野心之賊子焉所欲爲得寸克尺如豆之食桑葉漸以進于是乎

劣敗之勢終難免天演之淘汰矣本社團慮及乎此即大集結團立社爲自

衛計合大群之力抵橫逆之强權以仲固有之威權謀自由之幸福近足以保身

遠則能救國從此勢力擴張強權在握而四海九州之內凡舟車所至之處可以

自在遊行則無往而不利矣是爲序

圖 16.1

圖 16.2

全加中國洪門民治黨第十七屆懇親會內，劉琪浩代表達權總社社長報告[4]，1956 年全加拿大有 19 個達權社，合共有 1,187 社員，並列出每埠達權社社員人數（但報告人數，與表總數有差別）（表二）。

根據前任達權總社社長陳錦煌和林樹森稱，昔日只准許純粹洪門子弟加入達權總社，若洪門子弟同時也是其他黨之黨員，便不能獲准為「達權總社」社員，目的是將致公堂內之同盟黨員，逐出洪門最高領導組織。1939、1941 和 1942 年，三次達權社懇親修定方案第二條：「凡是敵黨人，欲加入本社者，須要在報紙上宣佈，脫離其舊黨關係，方准接納。」1943 年全加達權社第六屆懇親修訂章程（第四項），列入社資格：「凡入致公堂有年之昆仲，未滿六十歲男子，熱心洪門，克盡義務，一律歡迎入達權社。惟要社員介紹，將姓名籍貫，標貼社中一星期，無人反對，或開會通過，乃得加入為達權社社員。」

達權社目前還是加拿大洪門的最高權力機構，財力豐厚，非達權社之洪門弟子，不能享有達權社之福利。如新人欲加入洪門，先入洪門民治黨，成為黨員，經過一個時期，才能申請入達權社為社員。如社內有社員反對，便不獲入社。因此不是每位民治黨黨員，能成為達權社社員。1984 年，加拿大共有一個達權總社及 21 個達權支社（表三）。域多利全加達權總社於 2015 年舉行成立 100 週年紀念。

表二　達權社地點及社員人數，1956

埠名	社員人數
域多利（Victoria）	208
温哥華（Vancouver）	378
當近（Duncan）	75
乃磨（Nanaimo）	2
岦巴崙（Cumberland）	6
錦碌（Kamloops）	10
岦布碌（Cranbrook）	13
砵亞板爾（Port Alberni）	7
企連打（Kelowna）	30
穩寧（Vernon）	43
片市佐治（Prince George）	22
片市魯別（Prince Rupert）	11
卡加利（Calgary）	101
點問頓（Edmonton）	25
列必珠（Lethbridge）	29
温地辟（Winnipeg）	17
多倫多（Toronto）	97
坎文頓（Hamilton）	5
滿地可（Montreal）	56
Total	1,135

表三　達權總社及支社成立年份及地點，1915－1984

公元	埠名
1915	域多利（Victoria）達權總社（下列 21 個達權支社）
1915	温哥華（Vancouver），氹巴崙（Cumberland）
1916	多倫多（Toronto）
1919	卡加利（Calgary）
1920	企連打（Kelowna），穩寧（Vernon）
1922	錦碌（Kamloops），氹布碌（Cranbrook），乃磨（Nanaimo），温地辟（Winnipeg）
1923	勝卡頓（St. Catharines）
1924	列必珠（Lethbridge），滿地可（Montreal）
1925	坎文頓（Hamilton）
1926	新西敏寺（New Westminster），當近（Duncan）
1956	點問頓（Edmonton）
1957	片市佐治（Prince George），砵亞板爾（Port Alberni）
1981	倫敦（London）
1984	片市魯別（Prince Rupert – reorganized）

（資料來源：簡建平編著《中國洪門在加拿大，1863－1988》，1989 年 9 月初版，第 39 頁。）

　　達權總社 1915 年成立至 2013 年，歷任十位總社社長為：李濟國、林立榮、李業森、黃榮蘭、周逸經、陳福如、陳錦煌、林樹森[5]、梁肇成、陳德光。歷任九位總社書記為：李振漢、湯惠予、劉淇浩、鄧雲章、林灼如、林樹森、馬金渭、黃光大[6]、周朝公，張國雄。歷任九位總社外交為：羅超然、鄭慶仰、關祥生、鄧子才、林福稠、關祝漢、周伯昌[7]、馬奕倫、陳李意嫦。2014 年，全加拿大達權總社位於域多

利，16 個支社位於溫哥華、當近、乃磨、錦碌、企連打、穩寧、片市佐治、片市魯別、卡加利、點問頓、列必珠、溫地辟、多倫多、渥太華、倫敦、滿地可 [8]。

註

（1）　馮自由《華僑革命組織史話》，台北，正中書局，1954 年，第 72 頁。

（2）　《洪門加拿大 140 週年紀念特刊，1863－2003》，溫哥華，2003 年，第 169 頁。

（3）　溫哥華《明報》，1997 年 9 月 22 日。

（4）　《全加中國洪門民治黨第十七屆懇親會議決案徵信錄合冊》，中華民國四十六年十一月三日（1957 年），穩寧埠，第 42 頁。

（5）　簡建平編著《中國洪門在加拿大，1863－1988》，溫哥華，1989 年 9 月初版，第 38 頁。

（6）　同上。

（7）　同上。

（8）　訪問全加拿大達權總社社長陳德光，2014 年 8 月 12 日。

第十七章 | 洪門與國民黨之衝突

　　同盟會與三藩市致公堂於 1911 年 5 月 22 日，聯合宣佈互相接納對方為會員。因此加拿大很多致公堂會員也是同盟會會員。三藩市致公堂設立「洪門籌餉局」，籌得美金四十多萬元，協助革命。國民政府於 1912 年成立後，孫中山將同盟會改組為國民黨。國民黨在加拿大各埠設立黨支部，圖將洪門歸併入國民黨，取代致公堂之領導地位。更表揚加拿大同盟會會員對辛亥革命的貢獻，而抹殺昔日加拿大致公堂賣樓籌款，及各地致公堂洪門兄弟熱心捐助和籌款，協助孫中山辛亥革命的貢獻。

　　中華民國臨時政府於 1912 年成立後，洪門致公堂要求回國立案參政。1 月 9 日，域多利致公堂電孫中山，稱派謝秋及梁翼漢回國辦理組織一個完全政黨，「故望大總統回念當日花亭之事，需要持扶完全政黨之事。」[(1)] 其後又致函孫中山，「望大哥念花亭之秘密，高溪歃血之盟。況且大總統是洪門總領，正宜成政黨以慰陳近南、鄭成功之靈，慰同仁仰望之心。」是年 3 月，美洲致公堂大佬黃三德回國與孫中山會面，請求海外洪門致公堂在中國立案。孫中山認為海外洪門致公堂雖然對推翻滿清有很大貢獻，但畢竟是舊式幫會，難以適應民主革命要求，況且

洪門向來以排滿復漢統治為宗旨，現目的已達，沒有在國內立案參政的必要[2]。孫中山沒有回覆域多利致公堂的信件。黃三德的要求，廣東都督胡漢民亦遲遲未予批准，於是黃三德失意返回美國，感歎孫中山對洪門是難免負有不忠不義、忘恩背誓之嫌，引起海外洪門與孫中山交惡。

全加洪門民治黨總部主委鄭炯光稱：「革命政權淡化洪門與革命的關係，不給洪門在中國立案之事，革命黨人對不起洪門，對不起海外華僑。」[3]中國政府曾經邀請他回國三次，參加紀念孫中山 120、130、140 週年誕辰，席上他稱加拿大洪門昆仲，了解孫中山當時受到很多壓力，如反抗袁世凱稱帝、發動二次革命等，難怪他一時忽略紀念洪門之助[4]。把加拿大洪門協助辛亥革命歷史，告訴全世界，使更多人能知道洪門人士在辛亥革命中為國家民族的貢獻，是全加洪門的願望。

域多利中華會館於 1884 年成立以來，一直由埠內比較富有商人互相選舉為會董，捐助會館經費。因為會董每年皆要捐錢幫助會館，因此參加會董選舉之商人日漸減少。中華會館董事會認為近年來邑縣、姓氏、政黨等團體已擴大，財源豐厚[5]，於 1916 年 8 月 16 日，議決每個團體派兩位代表任會董，負責會館運作。8 月 21 日，十五僑團共派出三十位代表，出席為會館董事。新董事於 9 月 1 日開董事會，選出劉子達為正董事長，林立榮為副董事長，二人皆是致公堂洪門兄弟。國民黨立即反對這次選舉，稱其違反會館之選舉章程，並找藉口欲迫使正副董事長辭職。

北京國民政府考慮取消儒家為國教，推行宗教自由。一些中華會館董事擔心這會引進大批傳教士進入中國。劉子達於 9 月 20 日開會討

論此事。大會以 15 票贊成，6 票反對，通過發電報給北京政府段祺瑞總理，反對取消儒家為國教。電文如下：「段總理鑒，廢教危國，民憤亂，請散兩院（後來「請散兩院」改為「乞挽救」），另選賢能。」劉子達將電文呈林軾垣領事，請示意見。林領事認為電文不適當，並沒有發出。但有些人相信電報已發出。國民黨的《新民國報》社論，於 9 月 24 日譴責劉子達沒有諮詢中華會館會董，便發出電報。翌日，國民黨與一些華人基督徒開會，要求劉子達取消電報或改稱這電報是他個人的意見，非中華會館的意見。9 月 26 日，《新民國報》一篇文章攻擊劉子達，要他辭職。劉子達受到國民黨黨員何鐵魂和高雲山在《新民國報》內寫文不停批評，於是在 10 月 8 日召開中華會館董事會，證實電文呈交林軾垣領事，林領事並沒有發電予北京。但何鐵魂督率一班國民黨黨員，帶備器械，上會館搗亂，毀壞會館枱椅等物，並襲擊在會內致公堂兄弟，其他董事召警到會館，數名國民黨黨員被帶回警署。域埠殖民地日報報道，《新民國報》主編李公武和董事長李子敬因為參加打鬥，於 10 月 28 日被捕，付了一千元保釋出來候審。《新民國報》董事何鐵魂和高雲山，於 11 月 1 日被控煽動打鬥，也付了一千元，保釋出來候審。[6] 何鐵魂和高雲山稱打鬥是由劉子達發起，但警署所逮捕的打架者，大部分是國民黨黨員，而所有受傷者皆為致公堂兄弟和朋友。劉子達面部及手臂被砍多處，要留院兩星期，林立榮亦受傷要留院醫治[7]。其後劉子達及其他致公堂兄弟，控李公武、李子敬、何鐵魂和高雲山四人到會館搗亂，毀壞公物及毆打傷人。林軾垣領事進行斡旋，不欲雙方彼此結怨尋仇，但不成功。中華會館暴動案，審查三個月，終於 1917 年 1 月 31 日，何鐵魂和高雲山被判無罪，只有四個國民黨黨員被控打鬥罰 75

元或入獄三個月 [8]。但這事引發起以後 30 多年來，全加各埠國民黨與致公堂的衝突。

中華會館收入短缺，欠市政府地稅 1,200 元，市政府通告，如於 1920 年 11 月 30 日還不繳交，將會拍賣會館會所還稅。因此會館董事長張錫亮於 11 月 25 日召開「維持中華會館委員會」[9]，議決埠內政黨、教會和縣邑會館，為中華會館僑團會員，派代表任董事，每捐助一百元維持會館者，可派一位代表。結果國民黨捐二百元，可派兩位代表為董事，其餘十位董事代表致公堂，華人長老會和八個縣邑會所（台山餘慶堂、開平廣福堂、恩平同福堂、新會福慶堂、中山福善堂、增城仁安堂、番禺昌後堂、南花順聯會）。中華會館於 1921 年 1 月 3 日首次修改會館章程，董事會改稱理事會，12 位理事處理一切埠內僑務及決策，會館正董事改稱正總理。1921 年 12 月 1 日改選，馬谷如為正總理，並請十一個僑團會員，多派一名代表為理事，因此 1922 年，會館理事會共有 22 位理事，致公堂佔兩位理事，國民黨佔四位理事，其他僑團會員所派出之代表，多數是國民黨黨員，因此 1922 年後，中華會館已被國民黨主宰。

國民政府於 1921 年宣稱共產黨與國民黨合作後，國民黨在國內及國外勢力更強大，加拿大致公堂面對國民黨在僑社內之勢力擴張，只有與政憲黨聯手抵抗國民黨的勢力，曾為域多利致公堂之元老葉惠伯（又名葉恩，Charles Yip），於 1910 年代，在溫哥華為一位十分活躍的憲政黨黨領。孫中山於 1925 年 3 月 12 日逝世，域多利中華會館正總理趙安國（國民黨黨員）及僑校校董陳耀壇（《新民國報》主編），於是年 4 月 12 日於會館禮堂內舉辦哀悼孫中山逝世紀念，千多華人遊行唐人

街，到中華會館參加追悼會。位於中華會館對面的致公堂堂所忽然鑼鼓
振天，笑聲喧嘩，打破會館禮堂內的靜默追悼儀式[10]。如果警員不及
時抵達制止，國民黨與致公堂群毆血戰又會發生了。

　　域多利國民黨與致公堂不斷有打鬥。洪門開辦的福祿壽賭館，於
1928 年 1 月 18 日，被李臨及李星搶劫了 400 元，兩人被捕後，國民黨
秘書李資立即保釋他們出來[11]。其後李資在唐人街，被福祿壽老闆葉
帶襲擊。2 月 5 日，李臨、李星及周良星三個國民黨黨員，於喜報街
（Herald Street）內伏擊致公堂堂員黃琳。域多利警方聽聞有八十多人，
帶備刀槍，由溫哥華、乃磨和其他各地前來域多利，幸好警方已有準
備，制止了這場械鬥。國民黨知道賭場是致公堂主要收入，故借「華商
及市民」之名，向警署委員會請願，關閉唐人街內所有賭場，稱這是打
鬥之原因。因此警務處處長快約翰（John Fry），於 2 月 9 日關閉所有華
人賭場，以維持唐人街的治安[12]。但這不是根本解決方法。埠內土生
華人所創立的同源會特別成立「保護安靜社」，試圖解決國民黨與致公
堂之糾紛。溫哥華保君鄴總領事，帶領溫哥華一班重要僑領前來域多
利，協助解決糾紛，最後還是徒勞無功。

　　域多利國民黨與致公堂衝突之火，也延燒到其他各埠。例如片市
佐治埠（Prince George）致公堂於 1920 年剛成立，會員不多。當地國民
黨黨員，常取笑及毆打他們。因此一批溫哥華致公堂會員，於 1921 年
8 月北往片市佐治埠，協助該埠會員，毆打國民黨黨員。1929 年 12 月
8 日，多倫多國民黨黨員與致公堂會員在街上打架，國民黨黨員趙友和
周蓮女稱被毆，控告《洪鐘報》總編洪少植和司理林鶴年。在法庭上，
雙方各執一詞，針鋒相對，開庭數次後，陪審團判被告無罪。1933 年

12 月 14 日，滿地可致公堂會員馬光安、譚昌期諸人，在萬香樓消夜，與國民黨黨員李金、黃林、李道本等人發生口角，繼而動武。雙方都有援兵到場參鬥，警方接報到場抓人，才終止這場武鬥。其後一些滿地可僑領，於 2 月 11 日，邀請國民黨黨員與致公堂會員，到中華醫院開會，希望雙方拋棄恩怨，和平相處，不料在和解會中，雙方又打鬥起來，多人受傷，警方拘捕雙方人員九十多名。

域多利中華會館於 1930 年 6 月改選，十一個會館僑團會員，應派 24 位代表為理事，但致公堂及南花順聯會不派代表，理事會只有 20 位理事，12 位為國民黨黨員。日本於 1931 年 9 月侵佔東北三省後，中華會館立即於 10 月成立「華僑抗日救國會」，發動籌款資助黑龍江省馬占山將軍抗日，致公堂亦另組「洪門抗日社會」，進行抗日工作。抗日初期，國民黨還不與致公堂合作抗日。例如致公堂於 1939 年 1 月 14 日寫信中華會館，叱責會館理事，只邀請數個僑團於 1 月 11 日到會館商討匯救濟金回國事項，却不通知「洪門抗日社會」。「美洲華僑反帝國大同盟」在域多利成立支部，秘書是馬赤忠，為洪門兄弟，寫信給廖承志，請求他協助居於台山的兒子，參加國內共產黨領導的第八路軍抗日（圖 17.1）。並代表美洲華僑反帝國大同盟域多利支部，於 1938 年 9 月和 11 月，寫信請中華會館批准支部在唐人街籌款，資助國內第八路軍抗日。但兩次要求也被拒絕。中華會館於 1940 年 1 月 20 日，在域多利成立「聯合救國總會」，統籌一切捐款救國活動，因為國民黨與致公堂之糾紛，不獲致公堂之合作。1940 年 5 月 20 日，中華會館開會討論籌款救國工作，但因國民黨與致公堂爭論宣讀孫中山總理遺囑問題，以至會議不終而散。因此溫哥華領事館於 1940 年 7 月

24 日，寫信給域多利中華會館，鼓勵國民黨與致公堂合作，精誠團結，共赴國難。[13]

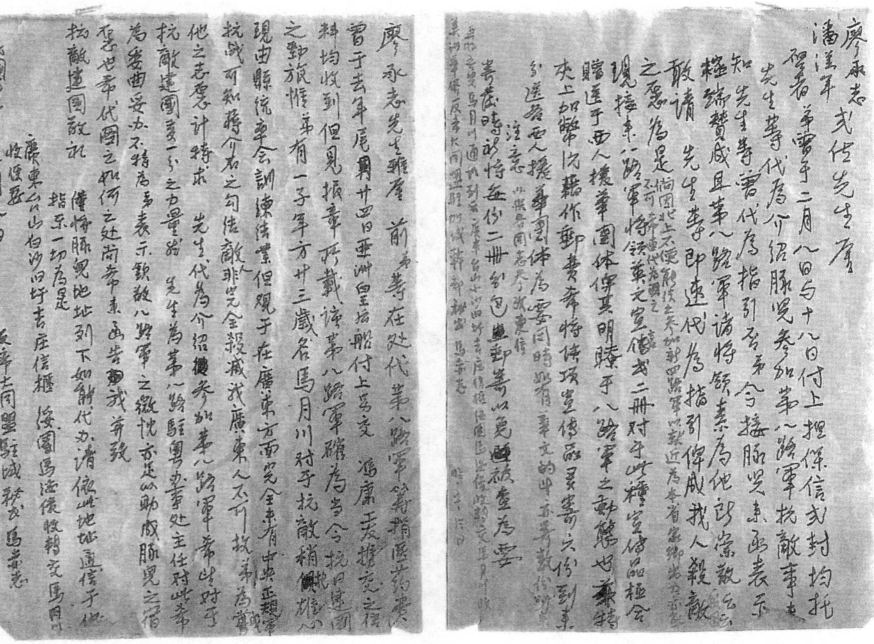

圖 17.1

註

（1）　秦寶琦《江湖三百年》，香港，三聯書店（香港）有限公司，2012 年，第 265 頁。

（2）　同上，第 266 頁。

（3）　王楠、馬尚〈洪門與辛亥革命〉，温哥華，《大華商報》，2010 年 11 月 6 日。

（4）　訪問全加洪門民治黨總部主委鄭炯光，2014 年 6 月 30 日。

（5）　David Chuenyan Lai, *Chinese Community Leadership: Case Study of Victoria in Canada*. Singapore World Scientific Publishing Co., 2010, pp.133-134.

（6）　温哥華《大漢公報》，1916 年，10 月 30 日及 11 月 1 日。

（7）　*Daily Times,* Victoria. 17 Jan. 1917.

（8）　《大漢公報》，1917 年，2 月 1 日。

（9）　《域多利中華會館會議記錄 1920 年，6 月 24 日，8 月 10 日及 13 日》

（10）*Daily Colonist*, Victoria, 14 April 1925.

（11）*Daily Times*, Victoria, 19 Jan. 1928.

（12）Ibid., 10 and 13 Feb. 1928.

（13）David Chuenyan Lai, op. cit. p.162.

第十八章 | 懇親大會主要議決，1919－1944

　　國民政府於 1912 年成立後，中國又分裂為北方軍閥政府和南方孫中山革命政府，洪門義士感到救國責任未完。但洪門組織不健全，欲出力救國，必須召集世界洪門團體，組織政黨，回國參政。致公堂大佬黃三德要求孫中山協助海外洪門在中國立案及辦理政黨，但被孫中山拒絕，引起海外洪門的不滿和日後黃三德與孫中山的交惡。

　　1923 年 10 月 10 日，「美洲金山致公總堂」升稱為「五洲致公總堂」，在三藩市召開首屆「世界五洲洪門懇親大會」。討論把堂改黨，及成立中國致公黨問題，並議決選當年上海區之代表趙昱、黃鳳華博士為正副總理，負責籌建洪門五祖祠，紀念前後五祖、萬雲龍、陳近南等反清之洪門亡兄故弟。五祖祠位於上海租界內華山路 860 號，於 1925 年 9 月 12 日（七月廿五日）開幕（是日乃陳近南齊集洪門義士，在龍虎山紅花亭內起義反清之重大日子）。[1]七七事變後，五祖祠人去樓空，無人照料，祠廟荒廢，現已夷為平地。上海長寧區政府將地皮租給香港總統發展公司。[2]

　　加拿大洪門人士遵照 1918 年美洲洪門致公堂懇親大會之新章程，於 1919 年 12 月 14 日，在卑詩省域多利召開首屆「全加洪門懇親大

會」，議決以域多利致公堂為全加總堂，創立加拿大洪門統一章程，並
訂立籌捐贖回域多利總堂公產章程。其時域多利致公堂已於 1911 年，
將位於 615-621 菲斯格街之堂所，向銀行揭押 12,000 元，資助孫中山
黃花崗起義（圖 18.1）。域多利致公堂會員年費只不過二元而已（圖
18.2），收入不多。因此議決請洪門兄弟，捐款協助收贖域多利總堂堂
所（圖 18.3）。每人捐款三元，將有捐款證，持此證者，為域多利總堂
正式會員，可享有章程第三章權利（總會對會員老疾、困境、訴訟等協
助）。如無此捐款證者，不得享受第三章權利。加捐者，其影照相片將
懸掛在總堂大廳，以為獎勵。1919 年 11 月 28 日，贖回域多利致公堂
產業。

香港中文大學葉漢明博士於 2009 年所編著的《東華義莊與寰球慈
善網絡》第 191 頁，翻印美洲金山致公總堂 1923 年給香港中華醫院的
信，信頂上印了 Supreme Lodge，Chinese Freemason of the World（圖
18.4），取用 Chinese Freemason 之英文名稱。我於 1991 年 12 月出席一
個宴會，遇見一位由三藩市來的西人資深共濟會會員，他說三藩市之致
公堂，於 1920 年開始取用 Chinese Freemasons 的英文名稱。他說徽章
上「工字尺」和「圓規」，代表各行各業會員行為與工作，皆有規有矩。
無規矩，不成方圓。無墨線，不成正直。中間「G」代表 God or Great，
意思是工作上要造到最高上、最優良、最頂點。洪門徽章，也採用「工
字尺」、「圓規」和「G」之圖案及其意思，並加上「洪門」和 The Chinese
Freemasons（圖 18.5）。昔日西人還可以介紹西人加入加拿大洪門，其後
還有華人保介美國人、英國人、匈牙利人為加拿大洪門黨員（圖 18.6）。

亞省列必珠（Lethbridge）洪門致公堂成立於 1923 年，該埠華人人

加拿大域多利致公總堂自置樓式
已未年季冬懇親會撮影

圖 18.1

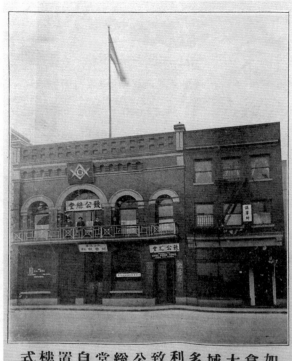

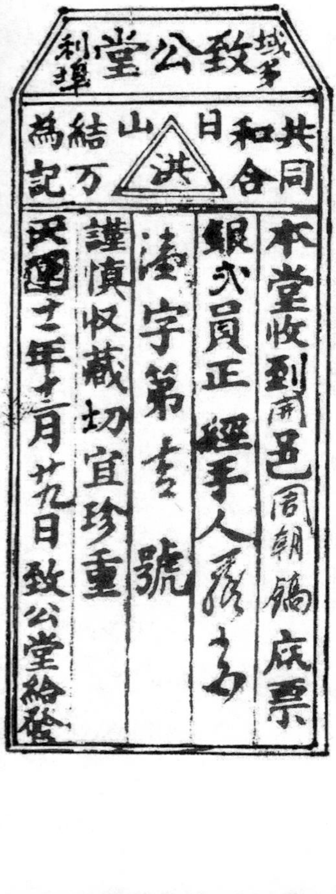

域多利埠致公堂

共同和合 日 洪 山 結万為記

本堂收到両邑周朝鎬底票
銀弍員正 經手人張高
滏字第壹號
謹慎收藏切宜珍重
民國十二年十月廿九日 致公堂給發

圖 18.2

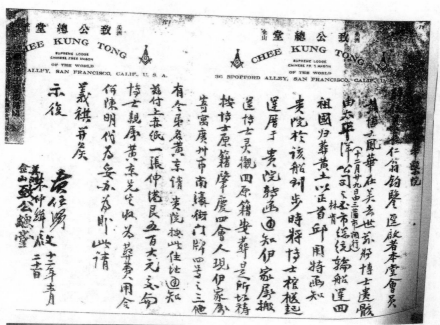

圖 18.4

圖 18.3

圖 18.5

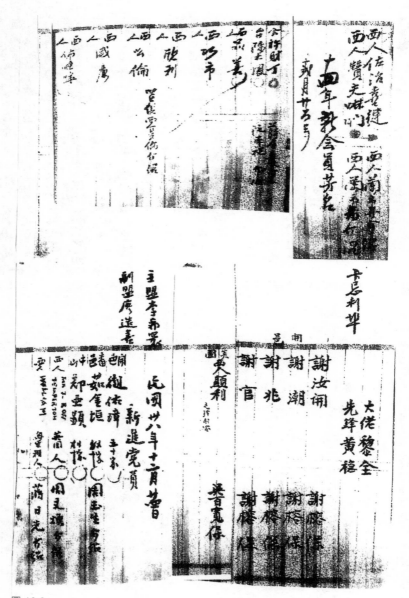

圖 18.6

口不多，約二百餘人，大部是開平縣姓梁人士[3]，但過百人是致公堂會員。堂所新樓於 1924 年在唐人街落成。[4] 是年 11 月 11 日，主辦全加洪門第二屆懇親大會，盛極一時。大會報告，域多利致公總堂，開始舉辦菁莪學校，培育洪門後輩子弟，由全加洪門致公堂資助。大會並制定將加拿大 57 個致公堂分配七區[5]：

第一區　域多利（Victoria）：雪梨（Sydney）、美利市（Chemainus）、當近（Duncan）、乃磨（Nanaimo）、李地市覓（Ladysmith）、冚巴崙（Cumberland）、葛梨（Courtenay）、甲忌喜路（Cobble Hill）、砵亞板爾（Port Alberni）

第二區　温哥華（Vancouver）：新西敏寺（New Westminster）、車梨役（Chilliwack）、片市魯別（Prince Rupert）、片市佐治（Prince George）、蘭拿（Langley）、不坎文顯地（Port Moody）、的架市。

第三區　錦碌（Kamloops）：暗市黨（Armstrong）、穩寧（Vernon）、笠巴市篤（Revelstoke）、沙面暗（Salmon Arm）、片的頓（Princeton）、企連打（Kelowna）、片士臣（Princeton）、媽力（Merritt）、埃卡市笠（Ashcroft）、加罅貓（Keremeos）、莪崙、典爾備。

第四區　汝利慎（Nelson）：魯市崙（Rossland）、冚布碌（Cranbrook）、始路（Trail）、加蘭福（Grand Forks）、款爾（Fernie）、衾步利（Kimberly）、古文（Coleman）、卞市碌（Kaslo）、庇李麼（Blairmore）、比利友、顛且路。

第五區　卡加利(Calgary)：尾利填血(Medicine Hat)、列必珠(Lethbridge)、
　　　　沙市加寸（Saskatoon）、溫尼辟（Winnipeg）、雷振打（Regina）、
　　　　麥巧老。

第六區　多倫多（Toronto）：倫敦（London）、坎文頓（Hamilton）、升
　　　　卡頓（St. Catherine）、所填美利（Sault Ste Marie）。

第七區　滿地可（Montreal）：夏露法斯（Halifax）

　　安省多倫多在 1910 年代，有兩個唐人街（圖 18.7），西部的唐人
街位於南北走向的約街（York Street），北面是皇后西街（Queen Street
West），南面是亞地拉西街（Adelaide Street West），約街內的致公堂，

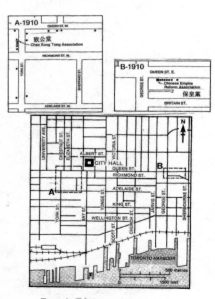

Toronto's Chinatown, 1910

圖 18.7

是當地華人商店及居民的領袖。西
部的唐人街位於東西走向的皇后東
街（Queen Street East），東面是雪邦
街（Sherbourne Street），西面是渣威
士街（Jarvis Street），當地商店及居
民皆擁護康有為，街內建立保皇黨
黨所。[6] 1911 年 4 月 27 日（三月
廿九日）晚上，孫中山在多倫多接
黃興報告，革命黨攻打兩廣督署失
敗，犧牲 72 人，200 餘黨員逃至香
港，亟待接濟。多倫多致公堂立即
出售約街的堂所，電匯萬元回港接
濟革命義士。以後致公堂租樓為堂

所，直至 1924 年，才能集足資金購買伊麗莎白街（Elizabeth Street）80 號的樓宇為堂所[7]。而多倫多達權支社，在栗子街（Chestnut Street）購買樓宇為支社會所。全加洪門第三屆懇親大會，於 1925 年 8 月 30 日在多倫多召開，大會研究計劃如何向加拿大聯邦政府進行註冊。因人事與環境問題，經數十年未能完成。並選派林德緒叔父為加拿大致公堂駐上海值理，負責籌建五祖祠事宜。[8]第四屆懇親大會，於 1926 年 11 月 3 日，在卑詩省溫哥華召開。

全加第五屆洪門懇親大會，於 1928 年 9 月 20 日在卑詩省吅布碌（Cranbrook）召開，議決洪門前輩曹建武先生編寫加拿大致公堂歷史及反清革命的貢獻，曹建武之《致公堂復國運動史》手抄本，於 1930 年編完。同時大會認定溫哥華致公堂堂員日漸增加，有《大漢公報》為喉舌，議決將域多利致公總堂所設立之總機關，遷移往溫哥華，由溫哥華致公堂負責主理，改稱為「全加致公堂駐雲埠總辦事處」。曹懋森被選為「洪門總機關辦事處」首任總理[9]。懇親大會每兩年舉行一次。於 1929 年在錦碌召開，選定張椿傑為第二任總理。全加第六屆洪門懇親大會，於 1930 年在卑詩省穩寧召開。第七屆洪門懇親大會，於 1932 年 8 月 27 日在溫哥華召開。是年 9 月 16 日，乃磨分堂商討組民治黨之事，並選定梁煥南為第三任總理。

1931 年，日本派兵進攻瀋陽城，引發東三省「九一八事變」。消息傳抵加拿大，同年 10 月 14 日，域多利中華會館成立「域多利華僑抗日救國會」，致公堂亦成立「洪門抗日社會」。[10]加東致公堂與憲政黨聯合組織「抗日救國會」，進行抗日活動。[11]

全加洪門第八屆懇親大會本應在 1935 年舉行，但停辦一屆，總機

關亦停止辦事。這兩年期間，各堂深感無領導，於是倡議再召開全加洪門懇親大會。於 1937 年 10 月 10 日在緬省溫尼辟，召開第八屆懇親大會，代表提議「洪門總機關辦事處」，改稱為「全加拿大洪門總幹部」，以便利發展全加洪門會務。「全加拿大洪門總幹部」為全加拿大洪門最高機關，地點由域多利總堂與溫哥華致公堂，互相輪任[12]。首屆由溫哥華致公堂負責，鄧雲章被選為「全加拿大洪門總幹部」首任部長。第二屆輪由域多利總堂負責，每年一屆。全加洪門總幹部向加拿大聯邦政府立案註冊。該案經由 1925 年在多倫多召開的全加洪門第三屆懇親大會內議決通行，但因人事及環境關係，未得完成。是屆大會，議決由外交部與律師商量，用「致公總堂」名譽代表向渥太華聯邦政府註冊。大會並議決將全加近 40 個致公堂，分六區行政，每區設有首堂，管轄區內分堂：

第一區　　以域多利致公總堂為區首，轄 5 分堂：當近（Duncan）、乃磨（Nanaimo）、占尾利市（Chemainus）、砵亞板爾（Port Alberni）、冚巴崙（Cumberland）。

第二區　　以溫哥華致公堂為區首，轄 5 分堂：新西敏寺（New Westminster）、蘭拿（Langley）、車梨役（Chilliwack）、片市魯別（Prince Rupert）、片市佐治（Prince George）。

第三區　　以穩寧（Vernon）致公堂為區首，轄 6 分堂：錦碌（Kamloops）、片辰（Princeton）、媽力（Merritt）、笠巴市篤（Revelstoke）、企連打（Kelowna）、亞士卡笠（Ashcroft）。

第四區　　以汝利慎（Nelson）致公堂為區首，轄 6 分堂：始路（Trail）、

老市崙（Rossland）、冚布碌（Cranbrook）、款爾（Fernie）、卡市碌（Kaslo）、庇李磨（Blairmore）。

第五區　以卡加利（Calgary）致公堂為區首，轄 5 分堂：列必珠（Lethbridge）、雷振打（Regina）、尾利填血（Medicine Hat）、沙市加寸（Saskatoon）、温尼辟（Winnipeg）。

第六區　以多倫多（Toronto）致公堂為區首，轄 7 分堂：渥太華（Ottawa）、滿地可（Montreal）、古壁（Quebec City）、坎問頓（Hamilton）、夏露法斯（Halifax）、倫敦（London）、和倫埠（Welland）。

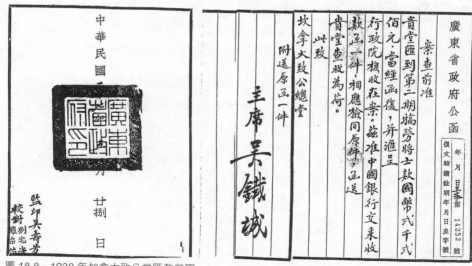

圖 18.8　1938 年加拿大致公堂匯款勞軍

　　抗日戰爭於 1937 年 7 月 7 日全面爆發後，加拿大洪門兄弟立即發起募捐救國，1938 年域多利致公總堂，已第二次匯國幣 2,200 元回廣州犒勞將士（圖 18.8）。全加洪門第九屆懇親大會，於 1939 年 10 月 19 日在溫哥華召開，商討組織加拿大洪門抗日會，購買愛國救亡公債，溫哥華致公堂創辦「大公義學」等事項。[13] 1943 年 7 月 23 日，全加拿大 29 個致公堂及 3 位愛國者，共捐 12,606.20 加金（圖 18.9）。匯國幣 210,000 元回國救難勞軍（國幣 100 元兌加金 5.9 元）（圖 18.10）。

　　第二屆「全加拿大洪門總幹部」依例於 1940 年移往域多利，鄧雲章被選為第二任部長。全加洪門第十屆懇親大會於 1941 年 9 月 20 日，在魁省滿地可召開，陳宜顯被選為第三任部長。第十一屆懇親大會於 1941 年 10 月 3 日在多倫多召開，陳宜顯再被選為第四任連任部長。大會議決，委任洪門資深會員陳翼耀為專員，往遊各埠，宣傳及調查各埠致公堂堂務及達權社社務，兼辦籌款事項。陳翼耀專員奉命於 1943 年 10 月 13 日至 1944 年 2 月 20 日，往訪全加各埠之致公堂。他之報告書稱，是次調查，22 埠因洪門人少，致公堂及通訊處已停辦[14]。只有 41 埠還設有致公堂及通訊處，全加洪門致公堂會員約一萬名（表一）。達權總社位於域多利，支社成立其他 26 埠，社員共約二千名（表二）。

圖 18.9 1943 年全加各埠致公堂匯款勞軍

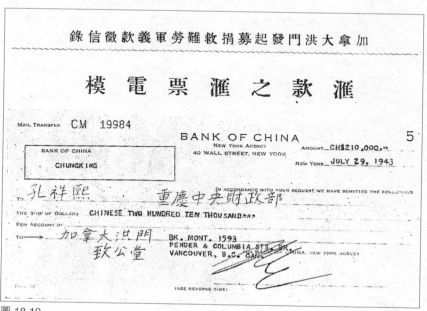

圖 18.10

表一　致公堂成立日期及會員人數，1944 年

區	致公總分堂，分堂及通訊處	成立日期	會員大約人數
第一區	域多利（Victoria）致公總分堂	1886 年正月二日	300
	冚巴崙（Cumberland）	1890 年九月九日	60
	乃磨（Nanaimo）	1909 年二月六日	150
	占尾利市（Chemainus）	1917 年三月二十一日	60
	當近（Duncan）	1918 年四月十三日	300
	砵亞板爾（Port Alberni）	1921 年四月十三日，1931 年停辦，1944 年重組堂所	90
第二區	温哥華（Vancouver）致公總分堂	1892 年三月二十一日	3,500
	新西敏寺（New Westminster）	1884 年七月二十五日	60
	車梨役（Chilliwack）	1915 年九月九日	60
	片市佐治（Prince George）	1918 年七月二十五日	50
	不坎文埠（Port Moody）	1922 年九月九日	40
	片市魯別（Prince Rupert）	1922 年二月一日	100
	蘭拿（Langley）	1905 年七月二十五日，1929 年堂所燒毀	
	蘭拿（Langley）通訊處	1944 年設通訊處	80

第三區	穩寧（Vernon）致公總分堂	1920 年正月八日	200
	百加委路（Barkerville）	1863 年三日二十一日	2
	錦碌（Kamloops）	1899 年九月九日	120
	企連打（Kelowna）	1920 年正月三日	60
	暗市黨（Armstrong）通訊處	1921 年九月九日	10
	片辰（Princeton）通訊處	1922 年九月九日	10
	笠巴市篤（Revelstoke）下埠	1902 年七月二十五日，1917 年破產，上埠再設立，1938 年又破產，再無堂所	40
	茂市（Quesnellemouth）	1871 年九月九日，1924 年堂所燒毀後改稱根拿路（Quesnel）通訊處。1944 年設通訊處	30
第四區	汝利慎（Nelson）致公總分堂	1919 年三月二十一日	120
	老市崙（Rossland）	1920 年九月九日	40
	始路（Trail）	1921 年九月九日	40
	冚布碌（Cranbrook）	1921 年九月九日	100
	款爾（Fernie）	1921 年九月九日，1941 年破產	40
	庇李磨（Blairmore）	1923 年七月二十五日	50

第五區	卡加利（Calgary）致公總分堂	1912 年九月九日	120
	尾利填血（Medicine Hat）	1919 年九月九日	100
	列必珠（Lethbridge）	1924 年十月十日	160
	卡市頓（Creston）通訊處	1943 年十二月一目	20
	沙市加寸（Saskatoon）	1920 年三月二十一日	100
	温尼辟（Winnipeg）	1915 年九月九日	150
第六區	多倫多（Toronto）致公總分堂	1896 年九月九日	1,400
	坎問頓（Hamilton）	1918 年九月九日	100
	倫敦（London）	1912 年十一月十五日	100
	渥太華（Ottawa）	1941 年九月二十二日	100
	和倫埠（Welland）通訊處	1943 年左右	30
	滿地可（Montreal）	1895 年三月二十一日	1,000
	古壁（Quebec City）	1928 年七月二十五日	120
	夏露法斯（Halifax）	1923 年十月二十五日	150

總數：9,362

表二　達權社成立日期及會員人數，1943－1944 年

達權總社及支社	成立年份	社員大約人數
域多利（Victoria）總社	1916	300
卡加利（Calgary）	1917	100
温哥華（Vancouver）	1918	500
冚巴崙（Cumberland）	1920	60
錦碌（Kamloops）	1922	60
温尼辟（Winnipeg）	1922	40
冚布碌（Cranbrook）	1923	40
乃磨（Nanaimo）	1923	100
多倫多（Toronto）	1924	250
滿地可（Montreal）	1924	60
列必珠（Lethbridge）	1924	60
勝卡頓（St. Catherine）	1924（1930 年間停辦）	100
坎問頓（Hamilton）	1925	60
當近（Duncan）	1926	100
企連打（Kelowna）	1926	60
新西敏寺（New Westminster）	1926	40
穩寧（Vernon）	1927	100
片市魯別（Prince Rupert）	1944	60
		總數：2090

註

(1) 伍長然〈上海洪門五祖祠瀕拆毀〉，劉南生、吳培芳、謝汝希編《洪門歷史的回顧與展望》，多倫多，《多倫多洪門民治黨慶祝成立百週年紀念，1894－1994》，1994 年 6 月 26 日，第 31-35 頁。

(2) 陳景華〈全球洪門致公堂為五祖紀念祠爭合理補償〉，同上，第 36-37 頁。五洲致公總堂於 1994 年 5 月 22 日，授權美國致公總堂，聯合世界各地洪門，向上海長寧區政府爭取補償。

(3) David Chuenyan Lai *Chinatowns: Towns Within Cities*, Vancouver. Universsity of British Columbia Press, 1988, p.90.

(4) J. B. Joyner, *Lethbridge Chinatown: An Analysis of the Kwong On Lund Co. Building, the Bow On Tong Co. Building and the Chinese Freemasons Building*, 1985 (unpublished manuscript submitted to Historic Sites Service, Edmonton, Alberta), p.14.

(5) 簡建平編著《中國洪門在加拿大，1863－1983》，溫哥華，1989 年 9 月初版，第 70 頁。

(6) David Chuenyan Lai *Chinatowns op.cit.*, pp.97-99.

(7) 訪問多倫多洪門老叔父吳培芳，全加洪門盟長羅立，及多倫多民治黨主委于卓文醫師，2014 年 7 月 2-3 日。

(8) 簡建平編著《中國洪門在加拿大，1863－1983》，同上第 70 頁。

(9) 陳翼耀《陳翼耀專員奉命調查全坎洪門事務報告書》，溫哥華全坎洪門總幹部印發，中華民國三十三年（1944 年）三月三日，第 5 頁。

(10) David Chuenyan Lai, Chinese *Community Leadership：Case Study of Victoria in Canada*. Singapore, World Scientific Publishing Co., 2010, p.156.

(11) 溫哥華《大漢公報》，1931 年 11 月 14 日。

(12) 簡建平編著《中國洪門在加拿大，1863－1983》，同上第 72 頁。

(13) 同上，第 73 頁。

(14) 陳翼耀《陳翼耀專員奉命調查全坎洪門事務報告書》，溫哥華全坎洪門總幹部印發，中華民國三十三年（1944 年）三月三日，第 87-88 頁。

第十九章

由堂改黨：致公黨及民治黨的成立

美洲洪門代表於 1918 年 4 月 1 日在三藩市舉行「美洲洪門致公堂」首屆懇親大會，重訂新章程。李健卿、羅超然、黃源昭三人，代表加拿大 26 埠之致公堂出席。大會議決「美洲金山致公總堂」設於三藩市，支堂分設各埠。前有名目不同者，改名曰「致公堂」，以昭劃一。並議決用「Chinese Freemasons」為洪門致公堂之英文名稱。「大佬」改稱「盟長」，「先鋒」改稱「副盟長」。「美洲金山致公總堂」於 1919 年 12 月，向中國中央政府立案。

中國致公黨，1925 年

陳炯明於 1920 年舉行兵變反對孫中山，陳佔據廣州，並獲得致公堂大佬黃三德的合作，與海外洪門致公堂建立了聯繫。五洲致公團體第一次聯合會議，議決「組織政黨」，第二次議決「保存致公堂」，因黨名問題發生異議，不能表決。美洲致公堂部分人士，與香港澳門洪門代表，於 1925 年 10 月 10 日，在舊金山舉行「五洲洪門第四次懇親大會」，議決「組黨存堂公約」（圖 19.1）。以洪門致公堂為基礎，正式成

立「中國致公黨」，宣佈 1925 年 10 月 10 日為中國致公黨總部的成立日。中國致公黨委員總會決議，推舉陳炯明為致公黨黨領袖，唐繼堯副之。1925 年 10 月 10 日後，各地「致公堂」一律改稱「致公黨」。(1) 當時海外洪門致公堂的組織，由堂改黨組成的黨部有 300 餘個，分佈在五個洲。但致公黨成立後，這堂改黨決議，未能在海外各地洪門團體普遍執行。一些地方仍黨堂並存，保持黨堂不分的狀況。

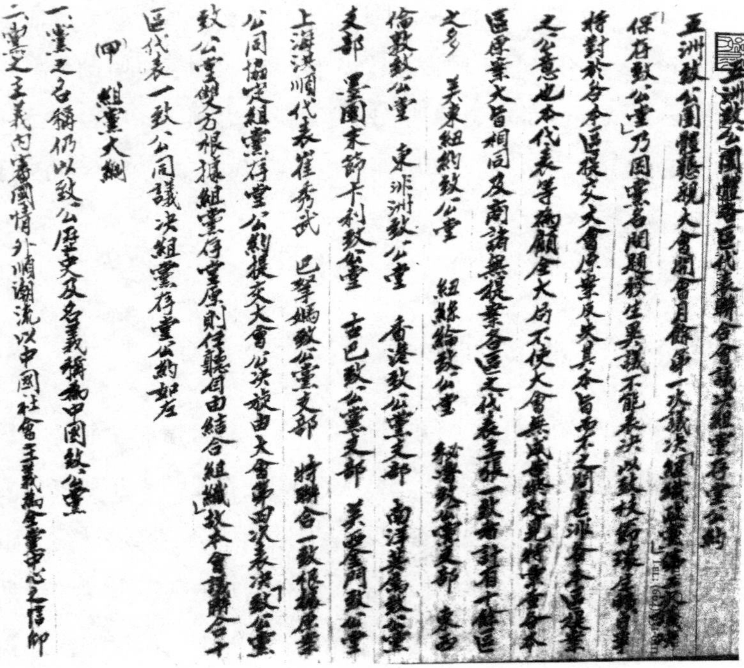
五洲致公團體各區代表聯合會議決組黨存堂公約
五洲致公團體懇親大會開會月餘第一次議決「組織[illegible]」[illegible]
「保存致公堂」乃因黨名問題發生異議不能表決以致枝節橫生[illegible]
特對於各本區提交大會原案及失其本旨而不之問是非各本區[illegible]
之公意也本代表等為顧全大局不使大會無成當然起見將[illegible]本
區原案大旨相同及商請無提案各區之代表主張一致者計有十餘區
之多 美東紐約致公堂 紐絲綸致公堂 [illegible]致公黨支部 東西
倫敦致公堂 東非洲致公堂 香港致公黨支部 南洋美屬致公黨
支部 墨國未節卡利致公堂 古巴致公黨支部 美西金門致公堂
上海洪順代表崔秀武 巴拏嗎致公黨支部 特聯合一致根據原案
公同協定組黨存堂公約提交大會公決旋由大會第四次表決「致公黨
致公堂雙方根據組黨存堂原則得聽自由結合組織」提本會議聯合十
區代表一致公同議決組黨存堂公約如左
(甲) 組黨大綱
一、黨之名稱仍以致公歷史及名義稱為中國致公黨
二、黨之主義內審國情外順潮流以中國社會主義為全黨中心之信仰

圖 19.1

　　1931 年 10 月，陳炯明在香港設立中國致公黨中央黨部，召開中國
致公黨第二次代表大會，有來自美洲等各地代表數十人參加，美洲洪門
致公堂負責人司徒美堂也前來參加。大會通過以反對國民黨獨裁，實行
地方自治為政綱。繼續推舉陳炯明、唐繼堯為黨之正副總理。保持黨
堂並存的現狀，以黨領導堂[2]。

　　陳炯明於 1933 年身故後，陳其尤為中國致公黨負責人之一，中央
黨部決定暫時設立中央幹事會，維持現狀。聲援十九路軍在上海抗日。
香港被日軍佔領後，中國致公黨中央幹事會無法工作，遂宣告停止活
動。1944 年抗戰即將勝利，中共南方局獲《新華日報》顧問黃鼎臣的協
助，建議陳其尤在香港恢復中國致公黨的活動。1946 年初，陳其尤、
黃鼎臣、伍覺天等由內地往香港，與當地老致公黨聯絡，恢復運作，於
1947 年 5 月在香港召開中國致公黨第三次代表大會，制定政綱：為民
族解放，國家富強，人民自由而奮鬥，選李濟深為中央主席，因李當時
任民革主席，暫時不公開宣佈，陳其尤為副主席，陳演生為秘書長，李
濟深等九人組成中央常務委員會。[3]

中國洪門致公黨，1944 年

　　全美洲洪門懇親大會於 1944 年 3 月 11 日在紐約舉行。美國、加
拿大、古巴、墨西哥、巴拿馬、巴西、秘魯、牙買加、爪地麻拉等九
個國家的致公堂，都派代表參加。感到祖國勝利將臨，決議組織華僑政
黨，回國參政，負起救國救民的責任。但組織政黨需要時間及費用，因
此決議將致公堂改「堂」為「黨」，黨名為「中國洪門致公黨」。司徒美

堂被選為全美總部主席。

　　加拿大全加洪門第十二屆懇親大會於 1945 年 11 月 4 日在域多利召開。域多利致公總堂首次用「中國洪門致公黨駐加拿大總支部」名稱召開，決議照全美洲洪門大會該年 3 月 11 日在美國紐約通過之黨名、黨綱、黨章，定名為「中國洪門致公黨駐加拿大總支部」，此為加拿大洪門由「致公堂」轉稱「致公黨」的開端(4)。1946 年 1 月，選出 1946－1947 年洪門致公黨駐加總支部職員（圖 19.2）。執監委員於中華民國三十五年（1946 年）1 月 20 日就職宣言，遵守五祖遺訓，力行洪門三大信條：「以義氣團結，以忠誠救國，以義俠除奸」；三大主張：「民治、民有、民享」；四大精神：「民族、民主、現代、大眾」，及遵守洪門十禁、二十一例和三十六誓（圖 19.3）。並遵守中國洪門致公黨駐紐約總部之政綱：「對外主張推進盟邦密切合作，實現領土主權完整，國際地位平等；對內主張各黨各派團結一致，制訂憲法，取消一黨專政，實現民主政治。」推行黨務，以求貫徹民國三十五年（1946 年）元旦本

中國洪門致公黨駐加國總支部職員表
大中華民國三十五年　三十六年第壹任職員

圖 19.2　1946－1947 年中國洪門致公黨駐加國總支部職員表

中國洪門致公黨駐加拿大總支部執監委員就職宣言

洪門組織團體，經過二百餘年，首倡革命，建立中華民國，其功不在禹下，且領導海外華僑從事於救國者洪門也。就加拿大論，洪門團體始於百駕喜路埠，（前日原稱加㘃補埠，至一八七二年，西人改今名）。綏埠致公堂始建於一八六三年，距今已八十三矣，在此八十三年當中，駐加洪門致公堂救國之功績，當為國人所共知。今者中國洪門駐加總支部，暨六區支部，四十一埠分部，經已改組政黨，除遵守本黨總綱力行三大信條，「以義氣團結」以忠誠救國，「以義俠除奸」外，幷遵照中國洪門致公黨紐約總部之政綱，「對外主張推進盟邦密切合作。實現領土主權完整。國際地位平等。對內主張各黨各派團結一致。製造憲法。取消一黨專政。實現民主政治。」推行黨務，以求貫澈民三五元旦本黨對國事之宣言，仰各區支部分部黨員一致團結。施行全加洪門第十二屆懇親大會議決各案。幷在不久的將來，合羣策羣力。先求完成黨員登記（註冊）之舉。以為推行黨務之張本。同人就職伊始，謹此宣言，願與各部黨員共勉焉。

中華民國三拾五年一月二十日

圖 19.3

黨對國事之宣言。域多利達權總社社長林樹森稱，加拿大的「中國洪門致公黨」，與國內的「中國致公黨」，是兩個不同組織[5]。當日中國致公黨是由陳其尤在香港組織，領導人多數是廣東海陸豐華僑及港澳人士如陳其尤、黃鼎臣、伍覺天、伍禪等。[6]以香港為基地的中國致公黨，進入北京參與國事，為中共認可的「八大民主黨派」之一。1948年5月，八大民主黨（中國致公黨、中國民主同盟、中國民主建國會、中國民主促進會、中國農工民主黨、九三學社、台灣民主自治同盟和中國國民黨革命委員會），擁護中共中央於4日30日提出的「五一口號」[7]。1949年，中國致公黨派代表陳其尤、陳演生、黃鼎臣、官文森、雷榮珂、嚴希純六人，參加第一屆中國人民政治協商全體會議。人民政府成立後，致公黨的總部從香港轉移到內地。[8]中國致公黨目前有40,000黨員，很多黨員是歸國華僑、學者、名人等。例如中國致公黨中央委員會第9及10屆主席董寅初為印尼華僑，第11及12屆主席羅豪才為新加坡華僑，第13及14屆（2007年至現在）主席萬鋼為德國華僑。第13及14屆中央委員會副主席閭小培博士，曾任廣州中山大學地理教授，我與她曾共同訪探過珠江三角洲之城市發展。名畫家姚少華，影星朱明瑛、李羚、章子怡和李冰冰等，亦為中國致公黨黨員[9]。

中國洪門民治黨，1946 年

　　國民政府定於1946年5月5日召開國民代表大會，中國洪門致公黨駐美洲總部主席司徒美堂，於1946年正月十八日，召開緊急會議，議決派專員回國，組織黨部，振興黨勢（圖19.4）。司徒美堂於1946年

中國洪門致公黨駐美洲總部致駐加國總支部公函

逕啟者。本總部是日召開執監委員第八次緊急會議。僉以我國抗戰勝利。政府已定於今年五月五日召開國民代表大會。本黨應趕速派專員回國。組織黨部。振興黨勢。參加政治。及籌備召開五洲洪門懇親大會事宜。經衆討論良久。議決派專員回國組織黨部案。同時選定司徒美堂。楊天宇兩同志為美國專員。並議決辦法如左。

（一）委派專員辦法。美國兩人。古巴兩人。加拿大兩人。墨國兩人。秘魯壹人。巴拿馬壹人。檀香山壹人。菲律賓壹人。占尾架壹人。千里達壹人。

（二）專員盤費。所有各國專員來往盤費。由各國自行籌備應用。

（三）國內組黨公費。如設立黨所。聯絡志士。招待各方及宣傳等等。在在需款甚鉅。此項公費由各級黨部担任籌備。多多益善。從速寄來本總部。以便全盤籌劃進行。由專員帶回應用。

（四）凡屬黨員要普遍捐款。多多益善。以盡興黨救國責任。

（五）專員啟程回國日期。定民國卅五年弍月內以前啟程回國。合行錄案函達。仰火速召集會議。選定專員。籌備代表盤費。及先籌組黨公費寄來。又於選定專員後。加希飛郵昆報本總部備案。勿延為要。此致

中國洪門致公黨
駐加拿大總支部

中華民國三十五年正月廿六日

中國洪門致公黨駐美洲總部

中國洪門致公黨駐美洲總部主席司徒美堂秘書長劉恩初

圖 19.4

4 月，率領加拿大、美國、古巴、墨西哥、巴拿馬、秘魯等國十多位代表回上海。6 月 21 日由吳鐵城陪同拜會蔣介石[10]，6 月 23 日到梅園新村拜會周恩來。於 7 月 25 日參加第二次「世界五洲洪門懇親大會」。中國國內及海外致公堂和海外洪門團體代表，於 8 月 1 日決定統一世界洪門之名稱，定名為「中國洪門民治黨」，簡稱為「民治黨」，以民治、民有、民享為三大主張，設中央黨部於上海華山路五祖祠。美洲洪門民治黨總部仍在紐約。大會並特定每年 9 月 1 日為「中國洪門民治黨」成立紀念日。司徒美堂、趙昱為正副主席，中央黨部設於上海。當時國民黨與共產黨政見不同，爆發內戰，中國洪門民治黨呼籲國共領導人，停止內戰，以和談方式統一中國。[11]

　　加拿大中國洪門民治黨第十三屆洪門懇親代表大會，於 1947 年 6 月 13 日在亞省卡加利召開，為加拿大洪門首次採用「中國洪門民治黨」名稱，召開懇親代表大會之開端（表一）。

　　「中國洪門民治黨駐加拿大總支部」設在溫哥華。1948 年 11 月召開第二次全國代表大會。[12]議定全國代表大會二年舉行一次，有黨旗、黨歌（圖 19.5）。主張國共停止內戰，停止自相殘殺之罪惡戰爭。政黨綱領「以建立民有，民治，民享之自由國家。促進共有，共治，共享之大同世界，為其崇高博大之理想。端賴全體黨員，合力與赴求其最後完滿之實現。」1949 年中華人民共和國成立，國民黨退守台灣。共產黨堅持「解放台灣」，國民黨堅持「反攻大陸」。加拿大洪門民治黨對和平統一問題未有鬆懈，每屆懇親代表大會，均依照黨對祖國之決策，呼籲國共和談統一中華。[13]

表一　加拿大中國洪門民治黨懇親代表大會，1947－2013

屆	日期	地點
13	1947 年 6 月 13 日	卡加利
14	1949 年	溫哥華
15	1952 年	滿地可
16	1954 年 10 月 20 日	多倫多
17	1957 年 11 月 3 日	穩　寧
18	1961 年 8 月	域多利
19	1964 年	卡加利
20	1969 年 3 月 23 日	溫哥華
21	1971 年 4 月 5 日	域多利
22	1973 年 8 月 19 日	滿地可
23	1975 年 9 月 14 日	多倫多
24	1977 年 8 月 17 日	點問頓
25	1980 年 10 月 12 日	溫哥華
26	1983 年 5 月 14 日	卡加利
27	1986 年 10 月 15 日	域多利
28	1989 年 9 月 10 日	多倫多
29	1992 年 9 月 30 日	溫哥華
30	1995 年 9 月 11 日	點問頓
31	1998 年 9 月 26 日	錦　碌
32	2001 年 10 月 6 日	倫　敦
33	2004 年 9 月 7 日	卡加利
34	2007 年 9 月 8 日	域多利
35	2010 年 9 月 9 日	滿地可
36	2013 年 9 月 4 日	點問頓

(資料來源：由洪門民治黨溫哥華支部秘書許小珠女士提供)

　　中國洪門民治黨駐加拿大總支部，於 1949 年在溫哥華召開全加第十四屆懇親代表大會，通過「宣傳黨務」一案，規定每年由總支部主任委員或特派專員一名，出巡全加黨社，宣傳洪門工作，調查黨社政務，代表總支部，出使宣慰，增強各地洪門昆仲之聯繫。[14] 1950 年 9 日 16 日，決議委派伍澤濂為總支部特派專員，往二十餘座大小城鎮[15]，宣傳黨策及調查黨務。因中華人民共和國替代中華民國政府，上海中央黨部撤去。議決民治黨駐美洲總部，改名為「中國洪門民治黨美洲黨務促進委員會」，領導美洲各國黨部黨員。委員會設於溫哥華。並議決在

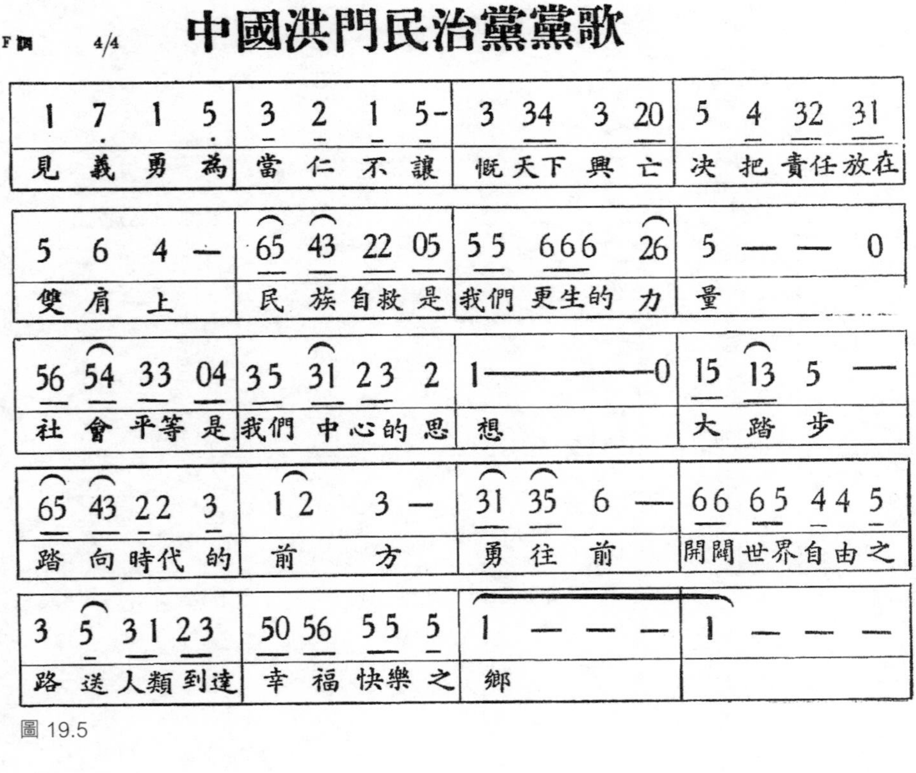

圖 19.5

香港創辦《香港民治日報》，目的是「宣揚中國洪門民治主義，維護國家民族權益，促進和平統一，實現民主政治為宗旨。」第十五屆懇親代表大會於 1952 年 11 月 2 日在滿地可召開。第十六屆於 1954 年 10 月 20 日在多倫多舉行。[16]

全加中國洪門民治黨第十七屆懇親會，於 1957 年 11 月 3 日在穩寧埠舉行。會議中，討論請求加政府批准加籍華人申請親友入境等事。總支部秘書簡建平報告，由 1954 年至 1957 年 10 月，全加拿大各支部共有 380 新黨員。域埠達權總社代表劉淇浩報告，全加達權社共有 1,187 名社員。懇親會議案內，記錄入黨新儀式：1. 清場，升斗；2. 齊集；3. 向黨旗、黨徽及五祖遺像三鞠躬禮；4. 新舊黨員互相行一鞠躬禮；5. 全體高聲恭讀洪門三大信條；6. 主席與盟長就位；7. 主席或盟長講洪門歷史、黨史，黨綱由總支部頒發；8. 主席或盟長領新黨員到五祖台前歃血加盟；9. 新黨員宣誓；10. 新黨員簽自願書，取黨證；11. 禮成，茶會（圖 19.6）。

中國洪門民治黨全加十八屆懇親代表大會，於 1961 年 8 月在域多利舉行（圖 19.7），議決批准列必珠黨支部要求辭去第四區區首，並請卡加利黨支部為第四區區首。大會更議決將百加委路所建的洪順堂，每年租金一元，租與卑詩省政府，政府負責一切重建修葺費，保留為卑詩省有歷史性的古跡。1962 年，域多利市政府收購菲斯格街 600 段路南邊一帶樓宇，興建「百週年紀念廣場」（Centennial Square）[17]，域多利民治黨不得不以四萬元，於 1964 年 3 月 1 日，將這座富有六十四年歷史之堂所（615-621 Fisgard Street）出售給域多利市政府[18]。是年 10 月，遷往目前之會所（菲斯格街 557-559 號）（圖 19.8）。

加盟典禮秩序

一　肅立

二　唱國歌（俟正式國歌頒行後乃唱）

三　向國旗黨徽五祖遺像行三鞠躬禮

四　新舊黨員相向行一鞠躬禮

五　全體恭讀洪門三大信條（以義氣團結。以忠誠救國。以義俠除奸。）

六　盟長或主席演講洪門歷史

七　盟長或主席領導新黨員歃血

八　請盟長主席及各職員就位

九　新黨員宣誓

十　唱黨歌（俟編成乃唱）

△十一　禮成散會

新黨員誓詞

某某謹以至誠。願意加盟為中國洪門致公黨黨員。服膺黨綱。政綱。及議決案。擔任義務。如有背盟違法。甘受本黨嚴厲之懲戒。謹此宣誓。

圖 19.6

圖 19.7

圖 19.8

六十年代中期，第十九屆懇親代表大會於 1964 年在卡加利及第二十屆於 1969 年在溫哥華舉行，由於中國政局動盪，沒有重要議決。總支部主委王華迅關心加拿大洪門路向的問題，曾與簡建平申請聯邦政府正式註冊「中國洪門民治黨」，但兩度被拒，原因是加東該區洪門叔父自 1961 年第十八屆懇親代表大會後，已對總支部不滿[19]，為解決東西方矛盾，達權總社於 1970 年 11 月 8 日，在卡加利主辦第二十屆洪門代表特別黨務會議，議決由簡建平擬定註冊草案（其實已經呈交過中央，但未經有加東代表參加的懇親大會宣讀通過）。卒於 1971 年 4 月 5 日，第廿一屆懇親代表大會在域多利舉行通過，然後呈交聯邦政府備案。「中國洪門民治黨」終於 1971 年 7 月 22 日，在加拿大正式註冊為合法團體（圖 19.9）。

洪門兄弟陳南聲於 1893 年由溫哥華抵滿地可，成立滿地可洪門，堂所設於 336 de Lagauchetiere W 街[20]。達權社則在 1925 年成立。滿地可洪門昆仲於 1970 年代，發起籌款，用募捐、發行公債和銀行借款三個方法，成功籌足款項，在 St. Laurent 購買新大廈為黨社，於 1976 年喬遷（圖 19.10）。第廿二屆懇親代表大會，於 1973 年 8 月 19 日，假滿地可舉行。

全加中國洪門民治黨暨達權社第廿三屆懇親代表大會，於 1975 年 9 月 14 日在多倫多舉行。全加拿大民治黨 1,241 黨員中，有 829 位為達權社社員（表二）。

Canada

THIS IS TO CERTIFY

that

**CHINESE FREEMASONS' NATIONAL HEADQUARTERS
OF CANADA**

was duly incorporated under the authority of Part II of the
Canada Corporations Act by Letters Patent bearing the date of
31st day of May, 1971 and recorded in the Office of the Registrar
General of Canada on the 22nd day of July, 1971 on Film 282,
Document 2.

IN TESTIMONY WHEREOF, I have signed and caused my official
seal to be hereunto affixed at Ottawa, this 6th day of October, 1971.

MINISTER OF CONSUMER AND
CORPORATE AFFAIRS

洪門民治黨駐加拿大總支部註冊證書

圖 19.9

圖 19.10

表二　中國洪門民治黨及達權社黨社員人數，1975 年

省名	埠名	支部黨員	達權社社員
卑詩省	溫哥華（Vancouver）	425	300
	域多利（Victoria）	94	94
	當近（Duncan）	38	38
	乃磨（Nanaimo）	20	17
	砵亞板爾（Port Alberni）	15	
	片市魯別（Prince Rupert）	30	
	片市佐治（Prince George）	23	20
	穩寧（Vernon ）	25	20
	企連打（Kelowna）	7	7
	錦碌（Kamloops）	14	14
亞省	卡加利（Calgary）	212	208
	點問頓（Edmonton）	70	35
沙省	沙市加寸（Saskatoon）	29	
緬省	溫尼辟（Winnipeg）	6	
安省	多倫多（Toronto）	90	76
	倫敦（London）	12	
	渥太華（Ottawa）	6	
魁省	滿地可（Montreal）	125	
總數		1,241	829

（資料來源：《中國洪門民治黨全加第廿三屆代表大會議案錄》，1975 年 9 月 14 日，第 8 頁。）

中國洪門民治黨立駐加總支部註冊章程法規，洪門民治黨總支部，設於溫哥華埠，五個區有五個民治黨支部，管轄 15 個民治黨分部[21]：

第一區　域多利支部，屬下有三分部：乃磨分部、當近分部、砵亞板爾分部。

第二區　溫哥華支部，屬下有二分部：片市佐治分部、片市魯別分部。

第三區　穩寧支部，屬下有三分部：錦碌分部、企連打分部、紐慎分部。

第四區　卡加利支部，屬下有四分部：列必珠分部、溫尼辟分部、沙市加寸分部、點問頓分部

第五區　多倫多支部，屬下有三分部：渥太華分部、倫敦分部、滿地可分部。

全加洪門懇親代表大會，會期每二年一屆，大會接納多倫多代表之要求，議決結束《洪鐘時報》[22]，並協助滿地可分部購置樓業計劃。根據 1969 年全加洪門第廿屆懇親大會議案，洪門每年奉行六大紀念日：1. 農曆三月廿九日，洪門廣州黃花崗起義紀念；2. 農曆三月廿一日，陳近南先師設立洪門，提倡革命紀念；3. 農曆七月廿五日，五祖在龍虎山起義紀念；4. 9 月 1 日，中國洪門民治黨成立紀念；5. 農曆九月九日，萬雲龍大帥為國成仁紀念；6. 10 月 10 日，洪門在武昌起義革命成功紀念。大會並議決今後在加拿大設立新黨所，五祖神台應設在中央，關公神像應在側邊。

全加第廿四屆代表大會，於 1977 年 8 月 17 日在點問頓舉行，大

　　會議決全加洪門代表大會改每三年一屆。1978 年，温哥華總支部根據
全加第廿屆懇親代表大會決議，向加拿大聯邦政府申請成立「加拿大洪
門信託局」，同年獲得加拿大政府批准成立為加拿大正式慈善機關，專
辦理洪門僑社及加拿大各項慈善事務，捐款可獲信託局之扣除入息稅收
條。第廿五屆代表大會，於 1980 年 10 月 12 日在温哥華舉辦。

　　全加洪門第廿六屆懇親代表大會，於 1983 年 5 月 14 日在卡加利
召開。議決委聘洪門資深黨員簡建年編寫洪門在加拿大歷史。簡建平
編寫之《中國洪門在加拿大，1863－1983》，於 1989 年 9 月在温哥華
出版，內稱加拿大洪門共有 66 機構，會員人數超過二萬餘眾。[23] 第
廿七屆懇親代表大會，於 1986 年 10 月 15 日在域多利召開。温哥華洪
門民治黨於 1988 年 9 月 25 日，舉行成立一百週年、達權社七十週年、
《大漢公報》八十週年三慶紀念大典，議決編印紀念特刊，刊登洪門之
文獻史料及歷史圖片，例如孫中山與洪門領袖合照等[24]。

　　中國洪門民治黨全加第廿八屆懇親代表大會，於 1989 年 9 月在
多倫多召開，並慶祝多倫多洪門民治黨（前稱致公堂）成立九十五週年
紀念。特刊略述多倫多民治黨過去 35 年大事。例如，1950 年代末及
1960 年代初，三分之二唐人街地區，已被鏟平為空地，興建理敦菲獵
廣場（Nathan Phillips Square）和市政府兩座大樓[25]，唐人街內之洪門
黨社堂所可能也要清拆，民治黨黨員未雨綢繆，集體商議後，出售依利
莎伯樓宇，購買在聖派力街（St. Patrick Street）121-125 號地段，興建
洪門三層高大廈，（在目前五十二號警局後面），於 1955 年 11 月 27 日
舉行落成開幕禮[26]。地下為《洪鐘時報》，二樓為民治黨黨部禮堂，三
樓為桌球室。洪門大廈沒有收入，不够支付按揭費用，因此民治黨支部

經濟上入不敷支，於 1957 年宣告破產，黨員星散，紛紛離脫，黨務停止。[27] 雖然民治黨支部破產，但達權支社未被波及。達權支社於 1969 年出賣在栗子街樓宇，得八萬餘元，購回登打西街舊屋兩間（436-438D Dundas Street West），與民治黨共用。民治黨立即恢復黨員重新登記。1974 年大火燒毀兩間舊屋後，民治黨社兄弟節衣縮食，終成功籌足款項，在該地興建新廈，於 1976 年 4 月，黨社新廈落成（圖 19.11）。多倫多洪門民治黨於 1994 年慶祝成立百週年紀念，主委鍾怡睦再依照黨對祖國之決策，呼籲國共再次合作，通過和平協商，完成祖國的統一大業。支持中國開放政策，並鼓勵僑胞匯入主流會，支持和參與全加華人聯會的工作。[28]

　　錦碌洪門致公堂於 1894 年 8 月 31 日成立，1901 年改組為洪門民治黨，並於 1929 年成立達權支社。堂所於 1911 年建在域多利西街，被大火燒毀後，1953 年重建。[29] 1979 年，域多利西街擴闊時，堂所樓宇被拆除後，新堂所建於 576 Tranquille Road。1995 年，達權支社社長張天彥領導下，購買樓宇於 474-476 Tranquille Road 為黨社會所（圖 19.12）。是年年底，其太太張辛懿如當選為 1996－1997 年錦碌洪門民治黨分部主委。張辛懿如於 1985 年加入洪門，歷任外交、書記等職位。她不但是錦碌洪門民治黨分部成立 101 年以來第一個女性出任主委，更是全加洪門首位女主委[30]。並於 1998 年 9 月 31 日，主辦中國洪門民治黨全加第三十一懇親代表大會。錦碌目前有大約 25 位民治黨黨員，其中大約 11 位為達權社社員。[31]

　　根據安省倫敦老叔父說，倫敦洪門民治黨分部，於 1902 年由王約、雷石科等人，在位於 Clarence Street 的唐人街內，以致公堂之名

圖 19.11

圖 19.12

成立堂所[32]，但未有檔案證實此說。後來堂所可能於 1920 年搬遷往新地址，致公堂於是用 1920 搬遷新堂所之日作為成立之年。因此，倫敦洪門民治黨於 2001 年慶祝倫敦洪門民治黨八十一週年紀念。致公堂於 1943 年有 61 名會員，集資購買 207 King Street 樓宇為堂所。加拿大政府於 1945 年取消禁止華人入境後，很多年青人移民抵倫敦，參加華人社團的活動。1954 至 1956 年間，民治黨增多了一大批青年黨員，可說盛極一時。但好景不常，老黨員去世或退休回國，年輕黨員因失業和倫敦就業機會小而離埠找生活，最後只有九名黨員留落在倫敦。黨部樓宇日久失修，被市政府封閉禁用。1973 年，黨員將殘舊樓業出賣，僅足夠錢購買 94 號威寧敦街（Wellington Street）樓宇作為黨部。1977 年，樓頂漏水，蒙全加洪門第二十四屆代表大會各代表之支持，籌款將樓修理，內部改為禮堂。倫敦民治黨積極發展黨務，1981 年成立洪門達權支社，1983 年成立洪門體育會。1990 年代，新進黨員紛紛加入，並籌備擴建禮堂。1991 至 1999 年間，新進黨員漸增。又蒙全加洪門第三十一屆代表大會各代表之支持擴建計劃，恰巧 207-209 Wellington Street 樓宇出售，以地方適合，決議將擴建計劃之資金，改用為購買該樓宇為倫敦民治黨分部之洪門大廈，於 1999 年初正式開幕。後來因為會員少及大部分會員年事已高，沒有精力打理洪門大廈，於 2000 年左右將大廈出售，然後購買一間比較細小樓宇為堂所，位於 186 Wharncliffe Road South。目前倫敦有大約 30 名民治黨黨員，其中大約 20 名為達權社社員[33]。

　　加拿大政府禁止華人入境後，列必珠（Lethbridge）唐人街華人日漸減少，很多會員遷移他埠尋找生計。1961 年後獲許辭去第四區區首，

堂所樓宇殘舊，欠缺經費修葺[34]。適其時政府立例，舊樓可以申請重修，政府幫助 50% 修理費，自付 50%。籌募這筆巨款，倍感困難，後得卡城支部、點城分部，及列必珠埠內之洪門兄弟熱心捐助，及總支部和達權總社之義捐，終能於 1992 年 6 月，完成重修黨部，並於是年 6 月 28 日舉行重修開幕大慶[35]，同時舉行民治黨成立六十八週年暨達權支社六十九週年紀念大典。1990 年代後，黨員增至數十餘人。於 2000 年，更成立洪門體育會。2011 年 6 月 12 日，列必珠民治黨舉行民治黨成立八十七週年、達權支社成立八十八週年、體育會成立十一週年及洪門大樓火災後重建四慶典禮（圖 19.13）。

全加洪門兄弟於 2003 年 8 月，先後在百加委路及溫哥華，舉行慶祝洪門在加拿大成立第一百四十週年紀念大典。是年出版紀念特刊[36]，列出歷屆 31 位盟長芳名：陳文錫、陳煖大、劉元耀、鍾孔岱、甄良杞、何沃澤、盧焯光、方洽三、黃禧、李天擔、林德渠、馬延遠、馬炳、譚松光、黎全、黃致禧、馬優、余天相、譚義、李希寰、何簡能、張惠介、張廷、廖造喜、周朝鎬、何發、趙偉常、葉玉麟、羅立、李德莊、黃相。及歷屆 17 位致公堂會長和民治黨總支部主任委員芳名：李愧卿、馬延遠、周道緝、張椿傑、鄧雲章、鄭雲秀、陳宜顯、周憲煜、蔣安翹、司徒捷予、王華進、陳文彬、林兆光、簡建平、鄭今後、鄭炯光、梁萬威。

加拿大中國洪門民治黨第三十三屆懇親代表大會，於 2004 年 9 月 7 日在卡加利舉行，慶祝卡加利民治黨成立九十三週年（圖 19.14）、洪門體育會成立四十一週年及振華聲藝術研究社成立五十二週年紀念。達權支社於 1911 年成立。會議兩件討論要案是成立「黨務策劃小組」，商討改革黨務及成立「五祖祠變產」專案小組，清查和落實五祖祠變產

圖 19.13

圖 19.14

後之款項及籌建「廣州市五祖祠」事宜。⁽³⁷⁾

　　加拿大中國洪門民治黨第三十四屆懇親代表大會，於 2007 年 9 月 8 日在域多利舉行並慶祝全加達權總社成立九十二週年、域多利洪門民治黨支部成立一百三十一週年紀念。五項討論要案：（一）黨務及章程改革；（二）接班人的質素和栽培；（三）團結合作，推進黨務；（四）支持祖國和平統一，反對台獨、疆獨；（五）預祝祖國在 2008 年舉辦奧運會圓滿成功⁽³⁸⁾。達權總社社長陳德光，鼓勵洪門改革和開放，保持團結，發揚光大洪門的理想和抱負。⁽³⁹⁾

　　溫哥華洪門致公堂成立於 1888 年，位於唐人街片打西街（West Pender Street）夾卡路街（Carrall Street）。達權支社於 1918 年，由羅傳護、司徒捷予、鄧柱儒、馬昌枝、胡添福、周玉心等創立。⁽⁴⁰⁾現位於唐人街片打東街 116 號之洪門大廈，於 1960 年 12 月 18 日落成喬遷（圖 19.15）。1989 年 5 月，興建洪門耆英大廈於 700 號派亞東街（Prior Street East），有 81 個居住單位⁽⁴¹⁾。溫哥華洪門黨社致力公益，和睦社區，因此溫哥華市政府於 2009 年 9 月 20 日，頒佈為「溫哥華洪門民治黨及達權社日」，以為褒獎。此實為溫哥華洪門民治黨主委姚崇英、溫哥華洪門達權支社社長鄭宗勵和溫哥華洪門昆仲之功⁽⁴²⁾。溫哥華洪門昆仲，於 2010 年慶祝溫哥華民治黨成立一百二十二週年及達權支社成立九十二週年紀念，並賀原為先鋒的郭英華升任全加洪門盟長。⁽⁴³⁾晚上盛宴，達權社社長姚崇英致迎詞，再強調洪門以義氣團結為精神支柱，又以仁愛為本旨，重友愛，尚道義，愛國愛鄉，與社群融洽相處，擁護中國和平統一。溫哥華洪門於 2013 年舉辦溫哥華洪門民治黨一百二十五週年、達權支社九十五週年、體育會九十八週年、婦

女部二十五週年四慶紀念。發刊策勵「忠 義 俠」之實踐。例如：2010年日本海上保衛廳強行逮捕「閩晉漁5179號」船長詹其雄，溫哥華洪門機構率先在報章上刊登半整版「嚴正抗議」；2012年8月，日本政府上演「購島」鬧劇，溫哥華洪門機構聯同眾多僑團及各界群眾，往日本駐溫總領事館前示威，發表五點「嚴正聲明」，抗議日本擅自賣買中國領土。凡此種種，可見溫哥華洪門民治黨皆以「義」字為先，且把「忠義 俠」精神的精粹，貫徹於125年的歷史長河中。(44)

點問頓洪門民治黨及達權支社於1954年成立，黨社樓宇位於97街夾啫市巴道（Jasper Avenue）。市府要在黨社樓宇地方，籌建加拿大聯邦政府大樓（Canada Place）。市政府於1979年9月，批准清拆舊唐人街，在102道（Harbin Road）和96街交加點四面發展一個新唐人

圖 19.15

街。⁽⁴⁵⁾並於 1980 年，以 237,000 餘元強行收購民治黨樓宇。經年力爭後，終獲市府增加補價至 550,000 元⁽⁴⁶⁾。隨後黨社以 450,000 元，購買 96 街夾 102 道兩間舊樓，並獲得省政府資助 1,012,000 餘元及省府房屋廳低息借款 200 萬，將兩間舊樓拆除，於 1982 年興建九層高之「洪英大廈」，於 1983 年 5 月落成開幕（圖 19.16）。「洪英大廈」二樓，原擬為餐館之用，但歷久無法租出，大廈入不敷支，不能按月供借款，利上加利，久債大增，終於省府房屋廳接管「洪英大廈」，大廈實際非黨社所有。1991 年，省府本函通知，「洪英大廈」已積債 300 餘萬元，提出折衷辦法，以 142 萬元予黨社承購，否則沒收樓業。後幸獲本埠及他埠洪門兄弟支援，並得政府貸款部借出 95 萬元，終以 132 萬元，購買回「洪英大廈」。1993 年，將二樓改建為住房，全樓合共有 47 個房間單位，全部租出。更蒙各地洪門兄弟，低息或免息貸款支助，使黨社能維持「洪英大廈」的運作。

卡加利洪門民治黨創於 1911 年，達權支社創於 1919 年⁽⁴⁷⁾，因此卡加利洪門民治黨於 2011 年 8 月 21 日，慶祝成立一百週年紀念及紀念辛亥革命一百週年慶典。華埠之洪門大廈於 1983 年重建而成，樓高十一層，二樓作為黨部禮堂及地面作商場外，共有 62 個出租單位及地庫 18 個停車場⁽⁴⁸⁾。大廈於 1993 年以經濟不景，賣了九層，留回二樓自用。洪門叔父馬若夢稱：「卡城洪門民治黨，可分三個不同之階段，第一期是以前之叔父黨員，大多數是無家屬在此，黨員互相愛護，感到家庭的溫暖；第二期年青黨員當職，保持不衰的現狀，為黨發展增光；第三期有識青年之士參加本黨，發展各項計畫，使黨務繁榮。」⁽⁴⁹⁾全加洪門民治黨元老雷民盼呼籲「黨社今後應多舉辦時事專題一類之講座，

圖 19.16

以期黨社上下之通識水平，得以增值，凝聚共識，提升政治智慧。」$^{(50)}$

　　全加洪門總部及達權總社於 2011 年 9 月初，主辦「辛亥革命一百週年紀念」大慶。溫哥華市政府把 2011 年 9 月初的整個一週，定名為「辛亥革命百年紀念週」，更史無前例的在市政府辦公樓外，升起洪門五色旗幟。由市長羅品信聯同洪門高層，舉行升旗儀式。主禮嘉賓（前左起）溫哥華洪門主委姚崇英、達權支社社長鄭宗勵、全加洪門盟長郭英華、溫市市長羅品信（Gregor Robertson）、總主委酈立焯、副總主委鄭炯光、中國駐加總領事梁梳根、省議員戴偉思（Don Davies）等主持儀式（圖 19.17）。全加洪門盟長郭英華在升旗禮舉行前致辭。

　　全加中國洪門民治黨第三十六屆代表大會，於 2013 年 9 月 4 日至9 日，在點問頓召開，適逢洪門在加拿大成立第一百五十週年，點問頓民治黨第六十年及達權支社六十年三慶黨員眾多，黨務非常興旺，建樹良多。是次邀請全世界洪門人士前來參加，使大會生色不少$^{(51)}$。大會議決由民治黨六區（總區及五支部區）區首，各派一人，共同討論修改章程問題，作為未來三年的指引$^{(52)}$。鄭炯光被選為全加洪門民治黨總部主委，周慕軾為副總部主委。是次大會，仍奉行歷屆代表大會之主軸精神，要求中國兩岸，共同在現在基礎上，更進一步朝向和平統一，共同邁向民主政治，造福兩岸全民福祉及檢討過去，雙方一同創造偉大的中華民族復興的美好前途。2014 年，三位全加洪門盟長為羅立、李德莊及郭英華。五位全加洪門元老為雷民盼、周伯昌、陳炳賢、謝文斌及伍澤濂$^{(53)}$。2014 年全加中國洪門民治黨分六區，共有 15 分部（圖19.18），加拿大中國洪門民治黨第三十七屆懇親代表大會，將於 2016年在溫哥華召開。

圖 19.17

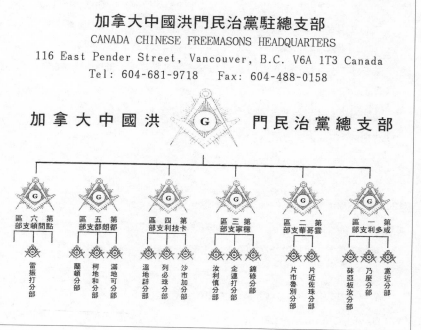

圖 19.18

註

（1）　秦寶琦《江湖三百年》，香港，三聯書店（香港）有限公司，2012 年，第 266-267 頁。

（2）　同上，第 268 頁。

（3）　秦寶琦《幫會與革命》，香港，三聯書店（香港）有限公司，2013 年，第 199 頁。

（4）　簡建平編著《中國洪門在加拿大，1863－1983》，溫哥華，1989 年 9 月初版，第 73 頁。

（5）　林樹森〈中國洪門民治黨〉，溫哥華，《大漢公報》，1989 年 9 月 8 日。

（6）　伍長然〈上海洪門五祖祠瀕拆毀〉，劉南生、吳培芳、謝汝希編《洪門歷史的回顧與展望》，多倫多，《多倫多洪門民治黨慶祝成立百週年紀念，1894－1994》，1994 年 6 月 26 日，第 31-35 頁。

（7）　楊耀建等〈傳奇人物司徒美堂〉，多倫多《加華新聞》，2003 年 5 月 17 日。中共中央向全國發佈五一勞動節口號，是中國共產黨領導的多黨合作制，成立「政治協商會議」。

（8）　羅豪才〈致力為公，參政興國〉，多倫多《人民日報海外版》，2005 年 9 月 30 日。

（9）　訪問廣東省中國致公黨副主委吳毅，2014 年 8 月 2 日。

（10）林樹森〈中國洪門民治黨〉，同上。

（11）簡建平〈奉告全加洪門廿七屆代表大會之我見〉，溫哥華，《大漢公報》，1986 年 10 月 4 日。

（12）簡建平編著《中國洪門在加拿大，1863－1983》，同上，第 76 頁。

（13）簡建平〈奉告全加洪門廿七屆代表大會之我見〉，同上。

（14）簡建平編著《中國洪門在加拿大，1863－1983》，同上，第 77 頁。

（15）同上，第 78 頁。

（16）同上，第 66 頁，〈加拿大洪門歷屆懇親代表大會日期〉。

（17）David Chuenyan Lai *Chinatowns: Towns Within Cities*. Vancouver. Universsity of British Columbia Press, 1988, pp.248-249.

（18）域多利，《田土廳紀錄號碼 340899-2 號》。

（19）林樹森〈洪門革命搖籃，孕育中國國民黨。功成肇造民國，反貽巨債險亡身〉，溫哥華，《明報》，1997 年 9 月 26 日。

（20）加拿大華僑歷史文化研究會會長陳超萬，代訪問民治黨主委許偉安先生，副主委譚兆欽先生、胡熊月兒女士，2014 年 7 月 14 日。

（21）《中國洪門民治黨全加第廿三屆代表大會議案錄》，多倫多，一九七五年九月十四日，第 9-10 頁。

（22）同上，第 20 頁。

（23）簡建平編著《中國洪門在加拿大，1863－1983》，溫哥華，1989 年 9 月初版，第 14 頁。

（24）雷民盼、楊國榮、簡建平編《溫哥華洪門民治黨百年三慶紀念特刊，1888－1988》，溫哥華，1989 年 10 月出版，第 42 頁。

（25）David Chuenyan Lai *Chinatowns*, op. cit. p.146-147.

（26）多倫多《洪鐘時報》，1955 年 11 月 14 日。

（27）吳培芳、林君編《中國洪門民治黨多倫多支部九十五週年紀念暨歡迎中國洪門民治黨全加第二十八屆代表大會》，多倫多，1989 年 9 月 9 日，第 57 頁。

（28）劉南生、吳培芳、謝汝希編《洪門歷史的回顧與展望》，多倫多，《多倫多洪門民治黨慶祝成立百週年紀念，1894－1994》，1994 年 6 月 26 日，第 3 頁。

（29）訪問錦碌洪門達權支社社長張天彥，2014 年 7 月 9 日。

（30）雷民盼編《洪門貢獻加拿大一百四十週年紀念特刊，1863－2003》，溫哥華，2003 年，第 93 頁。

（31）訪問錦碌洪門民治黨分部主委張辛懿如，2014 年 7 月 10 日。

（32）雷立強編〈洪門在安省倫敦〉，中國洪門民治黨全加第三十二屆代表大會，《倫敦洪門民治黨成立第八十一週年及倫敦洪門達權社成立第二十週年紀念特刊》，倫敦，2001 年，第 5 頁。

（33）訪問倫敦洪門民治黨分部前任主委雷立強及現任主委何釗源博士，2014 年 7 月 7 日及 8 日。

（34）盤耀富〈洪門在亞省列必珠埠〉，《中國洪門加拿大 140 週年紀念特刊，1863－2003》，溫哥華，2003 年，第 90 頁。

（35）盤耀富〈加拿大洪門在亞畢打省〉，《全加洪門民治黨第三十三屆代表大會暨加國洪門機構成立第 141 週年、卡城民治黨成立第 93 週年、洪門體育會成立第 41 週年，振華聲藝術研究社成立第 52 週年紀念特刊》，卡加利，2004 年，第 47 頁。

（36）《洪門貢獻加拿大一百四十週年紀念特刊，1863－2003》，2003 年，第 5 頁。

（37）馬若夢、鄭炯光、陳德光同啟〈中國洪門民治黨全加第三十三屆代表大會閉幕宣言〉，《全加洪門民治黨第三十三屆代表大會暨玄慶祝加國洪門機構成立第 141 週年，卡城民治黨成立第 93 週年，洪門體育會成立第 41 週年，振華聲藝術研究社成立第 52 週年紀念特刊》，卡加利，2004 年，第 40-41 頁。

（38）周朝公〈中國洪門民治黨第三十四屆代表大會閉幕宣言〉，《加拿大中國洪門民治黨三十四屆代表大會紀念特刊》，域多利，2007 年，第 82 頁。

（39）陳德光〈第三十四屆洪門代表大會發言稿〉，《加拿大中國洪門民治黨三十四屆代表大會紀念特刊》，域多利，2007 年，第 48-49 頁。

（40）林岳鋆〈溫哥華洪門簡介〉，劉南生、吳培芳、謝汝希編《洪門歷史的回顧與展望》，多倫多，《多倫多洪門民治黨慶祝成立百週年紀念，1894－1994》，1994 年 6 月 26 日，第 28 頁。

（41）孔士達〈洪門耆英大廈有段故事〉，溫哥華，《大漢公報》，1988 年 9 月 14 日。

（42）編輯組《忠義俠：溫哥華洪門民治黨第 125 週年、達權支社 95 週年、體育會 98 週年、婦女部 25 週年四慶紀念》，溫哥華，2013 年，第 18 頁。

（43）溫哥華《星島日報》，2010 年 9 月 1 日。

（44）編輯組《忠義俠：溫哥華洪門民治黨第 125 週年、達權支社 95 週年、體育會 98 週年、婦女部 25 週年四慶紀念》，同上。

（45）David Chuenyan Lai *Chinatowns: Towns Within Cities*. Vancouver. University of British Columbia Press, 1988, pp.139-140.

（46）鄺立焯〈點問頓洪英大廈的重生〉，《中國洪門加拿大 140 週年紀念特刊，1863－2003》，溫哥華，2003 年，第 91-92 頁。

（47）訪問卡城洪門民治黨前任主委馬若夢，2014 年 7 月 14 日。

（48）溫哥華《星島日報》，1988 年 8 月 17 日。

（49）馬若夢〈我對卡城洪門之認識〉，《加拿大卡以加里洪門民治黨 100 週年紀念刊》，2011 年，43 頁。

（50）雷民盼〈全加洪門民治黨〉，同上。

（51）訪問全加拿大洪門成立 150 週年籌備處處長鄺健民先生，2014 年 7 月 2 日。

（52）溫哥華《明報》，2013 年 11 月 12 日。

（53）溫哥華達權支社 2014 年至 2016 年職員表。

參考資料

中文文獻

1. 《西魯序》(*Taoist Miscellany Chinese*, Oriental 8207D, British Library, London, England.)

2. 《西魯敍事》(*Secret Catechism*, Oriental Ms 2339, British Library, London, England.)

3. *Taiping Initiation Chinese*, Oriental 8207E, British Library, London, England.

4. 《天地會洪順堂錦囊傳》，光緒十八壬辰年 (1892 年 1 月 30 日至 1893 年 2 月 16 日) 刊登。光緒三十二丙午年 (1906 年 1 月 25 日至 1907 年 2 月 12 日) 重修。

5. 《加拿大洪門致公堂重修根本章程》，民國七年 (1918 年) 4 月。

6. 陶成章《教會源流考》，廣州中山大學歷史語言研究所，1928。

7. 溫雄飛《南洋華僑通史》，北平，東方印書館，1929。

8. 曹建武 1930 年所編之《致公堂復國運動史》手稿，易名為《洪門參加辛亥革命史實》，登刊於溫哥華《大漢公報》1978 年 9 月 25 日至

12 月 18 日。

9. 羅家倫《中山先生倫敦被難史料考訂》，上海，商務印書館，1930
年 10 月。

10. 維城達權總社《全加達權社第六屆懇親修訂章程》，1943 年 10 月
12 日。

11. 陳翼耀《陳翼耀專員奉命調查全坎洪門事務報告書》，溫哥華全坎
洪門總幹部印發，中華民國三十三年（1944 年）三月三日。

12. 馮自由《華僑革命組織史話》，台北，正中書局，1954 年。

13. 《中國洪門海外昆仲懇親大會特刊》，台北，1956 年 11 月。

14. 蔡少卿〈開始天地會的起源問題〉，《北京大學學報》，1964 年第一
期，53 至 64 頁。

15. 《中國洪門民治黨全美洲第九屆懇親議會議決案徵信錄合冊》，
1967 年 8 月，牙買加，京士頓市。

16. 李東海《加拿大華僑史》，溫哥華，加拿大自由出版社，1967 年。

17. 蕭一山《近代秘密社會史料》，台北，文海出版社，1975 年。

18. 羅香林〈國父策劃革命的紅樓〉，《名流》，第 22 期，1980 年 7 月
10 日，第 40-41 頁。

19. 張炎〈天地會創始人萬雲龍的本姓是洪〉，《台灣省文獻委員會慶
祝成立 40 週年紀念論文專輯》，1988 年出版，105 至 120 頁。

20. 林樹森〈中國洪門民治黨〉，溫哥華，《大漢公報》，1989 年 9 月 8
日。

21. 李子峰《海底》，河北，人民出版社「民間秘密結社與宗教叢書」，
1990 年。

22. 孟超、范麗珠《洪門，青幫，紅幫》，北京，中國人民大學出版社，1994 年。

23. 莊吉發《清代秘密社會史研究》，台北，文史哲出版社，1994 年。

24. 巴圖《香港洪幫》，北京，時事出版社，1996 年。

25. 吳兆清、赫治清《中國幫會史》，台北，文史哲出版社，1996 年。

26. 冼樂嘉、吳國章《香港警隊昂首邁進新紀元》，Hong Kong: Kevin Sinclair Associates Ltd., 1997。

27. 陳江〈洪門考源〉，溫哥華，《明報》，2000 年 11 月 20 日。

28. 李炳富〈洪門與華僑革命史〉，《紀念五洲致公總堂成立 150 週年》，2000 年。

29. 李崇智編著《中國歷代年代考》，北京，中華書局，2004 年。

30. 《美國洪門致公總堂第 23 屆懇親大會特刊》，亞蘭特市，2004 年。

31. 黃冰清、梁文瑜、馮文邦〈話說洪門三百年〉，香港，《星島日報》，2004 年，1 月 19 日。

32. 盧潔峰《黃花崗》，廣州，廣東人民出版社，2006 年。

33. 葉漢明《東華義莊與寰球慈善網絡》，香港，三聯書店（香港）有限公司，2009 年 2 月。

34. 王海濤《日本改變中國》，北京，中國友誼出版公司，2009 年 12 月。

35. 王楠、馬尚〈洪門與辛亥革命〉，溫哥華，《大華商報》，2010 年 11 月 6 日。

36. 邵雍《近代會黨與民間信仰研究》，台北，秀威資訊科技，2011 年。

37. 邵雍《中國近代幫會史研究》，上海人民出版社，2011 年。

38. 孫文《建國方略，建國大綱》，台北，三民書局股份有限公司，2011 年。

39. 孫文《倫敦蒙難記》，北京，中國社會科學出版社，2011 年。

40. 劉聯珂《中國幫會三百年革命史》，長沙，岳麓書社，2011 年。

41. 秦寶琦《江湖三百年》，香港，三聯書店 (香港) 有限公司，2012 年。

42. 秦寶琦《幫會與革命》，香港，三聯書店 (香港) 有限公司，2013 年。

43. 唐力行編《中國秘密社會史論》，北京，商務印書館，2013 年。

44. 黎全恩、丁果、賈葆蘅《加拿大華僑移民史，1858－1966》，北京，人民出版社，2013 年。

45. 加拿大洪門懇親代表大會特刊：

    (1) 《中國洪門民治黨全美洲第三屆懇親代表大會概要錄》，溫哥華，1950 年正月十六日。

    (2) 《全加中國洪門民治黨第十七屆懇親會議決案徵信錄合冊》，穩寧埠，中華民國四十六年 (1957 年) 十一月三日。

    (3) 《中國洪門民治黨全加第廿三屆代表大會議案錄》，多倫多，1975 年 9 月 14 日。

    (4) 簡建平編著《中國洪門在加拿大，1863－1983》，溫哥華，1989 年 9 月初版。

    (5) 雷民盼、楊國榮、簡建平編《溫哥華洪門民治黨百年三慶紀念特刊，1888－1988》，溫哥華，1989 年 10 月出版。

    (6) 吳培芳、林君編《中國洪門民治黨多倫多支部九十五週年紀念暨歡迎中國洪門民治黨全加第二十八屆代表大會》，多倫多，1989 年 9 月 9 日。

（7）劉南生、吳培芳、謝汝希編《洪門歷史的回顧與展望》，多倫多，《多倫多洪門民治黨慶祝成立百週年紀念，1894－1994》，1994 年 6 月 26 日。

（8）雷立強編《中國洪門民治黨全加第三十二屆代表大會、倫敦洪門民治黨成立第八十一週年及倫敦洪門達權社成立第二十週年紀念特刊》，倫敦，2001 年。

（9）雷民盼編《洪門貢獻加拿大一百四十週年紀念特刊，1863－2003》，溫哥華，2003 年。

（10）《全加洪門民治黨第三十三屆代表大會暨加國洪門機構成立第一百四十一週年，卡城民治黨成立第九十三週年，洪門體育會成立第四十一週年，振華聲藝術研究社成立第五十二週年紀念特刊》，卡加利，2004 年。

（11）《加拿大中國洪門民治黨三十四屆代表大會紀念特刊》，域多利，2007 年。

（12）《加拿大卡以加里洪門民治黨 100 週年紀念刊，1991 年至2011 年》，2011 年出版。

（13）《忠義俠：溫哥華洪門民治黨第 125 週年，達權支社 95 週年，體育會 98 週年，婦女部 25 週年四慶紀念》，溫哥華，2013年。

英文文獻

46. Hsueh Chun-wu, *Huang Hsing and the Chinese Revolution*, Stanford: Stanford University Press, 1961.

47. Perry Keller, *The Chi Kung Tong in Barkerville*, Barkerville Historic Park, 1980.

48. Chuenyan David Lai, "Home County and Clan Origins of Overseas Chinese in Canada in the Early 1880s" , *B C Studies*, No. 27, Autumn, 1975: pp.3-29.

49. David Chuenyan Lai, *Chinatowns: Towns Within Cities*, Vancouver: Universsity of British Columbia Press, 1988.

50. David Chuenyan Lai, *Chinese Community Leadership: Case Study of Victoria in Canada*, Singapore World Scientific Publishing Co., 2010.

51. Lam Chun Fai and Hing Chao (editors), *Hung Kuen Fundamentals: Gung Gee Fok Fu Kuen*, Hong Kong: International Guoshu Association, 2012.

52. Susan M. Lambeth, *The Chinatown Component in Barkerville*, Victoria: Ministry of the Provincial Secretary and Government Services, Heritage Conservation Branch, Vol.I and Vol.II March 1981.

53. Stanford M. Lyman, W.E Willmott and Berching Ho, "Rules of a Chinese Secret Society in British Columbia" , *Bulletin of the School of Oriental and African Studies*, University of London, Vol. XXVII,

Part 3, 1964: pp.530-539.

54. William Milne. "Some Account of a Secret Association in China, entitled the TriadSociety" , *Transactions of the Royal Asiatic Society of Great Britain and Ireland*, Vol. I, 2nd Part, 1826: pp.240-250.

55. W. P. Morgan. *Triad Societies in Hong Kong*, Hong Kong: Government Press, 1960.

56. R. Morris, "A Transcript in Roman Characters, with Translation of a Manifesto in the Chinese Language issued by the Triad Society ", *Transactions of the Royal Asiatic Society of Great Britain and Ireland*, Vol. I, 1834.

57. Dian H Murray, *The Origins of the Tiandihui*, Stanford University Press, 1994.

58. T. J. Newbold and F. W. Wilson, "The Chinese Secret Triad Society of Tien-ti-hueh" , *Journal of the Royal Asiatic Society of Great Britain and Ireland*, Vol. VI, 1840, pp.120-58.

59. Willliam Alexander Pickering, "Chinese Secret Societies and their Origin", *Journal of the Royal Straits Branch of the Royal Asiatic Society*, Vol. I, 1878: p.63-64.

60. Willliam Alexander Pickering, "Chinese Secret Societies, Part II", *Journal of the Royal Straits Branch of the Royal Asiatic Society*, Vol. III, 1878: p.1-18.

61. Gustave Schylegel, *Thian Ti Hwui: the Hung League*, Padang, Sumatra: Patavia Lange and Co. 1866.

62. William Stanton, *The Triad Society or Heaven and Earth Association*, Hong Kong: Kelly and Walsh Ltd. 1900. Reprinted in Kingsley Bolton and Christopher Hutton, ed. *Triad Societies* Vol. III, London Routledge, 2000.

63. J. S. M. Ward and W. S. Stirling, *The Hung Society or The Society of Heaven and Earth*, London: Baskerville Press, 1926.

64. Richard Thomas Wright, *Quesnelle Forks: A Goldrush Town in Historical Perspective*. Barkerville: Friends of Barkerville Historical Society, Box 34, July 1987.

作者簡介

黎全恩（David Chuenyan Lai）

　　1957 年英皇中學畢業後，獲得香港政府獎學金，進入香港大學地理地質系，1960 年獲得第一級榮譽文學學士，在地理地質系任導師四年，並於 1964 年完成文學碩士學位。同年夏天，因成績優異，獲英國聯邦獎學金，赴英國倫敦大學經濟政治學院深造，1967 年獲哲學博士學位。同年返回香港大學，任地理地質系講師一年。1968 年 6 月，移民加拿大，在維多利亞大學地理系任教 35 年，其中 1968 年任講師，1969 年晉升為副教授（Assistant Professor），1973 年晉升為教授（Associate Professor），1989 年晉升為講座教授（Professor）。2003 年榮休後，獲維多利亞大學授予"榮休教授"（Professor Emeritus）榮銜。現任維多利亞大學耆英中心加盟研究教授（Research Affiliate）及西門菲莎大學客座教授（Adjunct Professor）。

　　過去 40 年，專門研究加拿大及美國的華埠發展，曾實地考察兩國 40 多個華埠。此外，亦研究加拿大華僑社會及歷史，曾發表過 300 多篇文章和 10 多本書籍。有關加拿大華埠及加僑歷史的英文著作，如《加拿大華埠發展史》（*Chinatowns: Towns within Cities in Canada*）係華埠研

究的權威著作，曾獲卑斯省歷史學會 1988 年書籍優良獎，1989 年被全美國圖書學會列入最有權威性的著作之一。其他英文書籍著作有《維多利亞之紫禁城》(*The Forbidden City within Victoria*)、《唐人街權力核心》(*Chinese Community Leadership: Case Study of Victoria in Canada*) 等。

黎博士曾義務擔任三級政府工職，如聯邦政府的歷史遺址及紀念碑委員會委員，公民入籍宣誓官；卑斯省政府的耆英諮詢委員會委員，多元文化諮詢委員會委員；維多利亞市的傳遺諮詢委員會委員等。更曾擔任溫哥華、多倫多、渥太華市政府和美國砵倫市政府的唐人街牌樓義務顧問。

1988 年後，曾多次到中國講學，被委任華東師範大學顧問教授 (2000-2004)，海南大學東南亞研究院顧問教授 (2002-2005)，並於 1988-1990 年曾任廣東華僑歷史學會和廣東華僑研究學會的顧問。

黎全恩熱心僑社義務工作，歷任維多利亞市中華會館顧問、中華學校校董、華人耆英中心顧問等職，並曾任全加華人聯合總會全加共同主席。

由於在學術研究與社會工作方面有傑出的貢獻，曾獲 43 項獎章和榮譽。11 項重要學術性的獎狀，如 1982 年美國地理學會的「實用地理引證獎」(Applied Geography Citation Award)；1983 年美國州及本地歷史學會的「功勳獎」(Award of Merit)；1989 年卑斯省歷史學會的「功勳獎」(Certificate of Merit)；1998 年加拿大傳遺基金會最高榮譽的「李嘉獎 」(The Gabrielle Leger Award, Heritage Canada Foundation)；1999 年安省華人職業教育基金會的「特別 15 週年功勳獎」(The 1999 Special 15th Anniversary Award of Merit)；維多利亞大學校友會 2002 年度「全

大學最優良教學獎」（University of Victoria AlumniAward for Excellence in Teaching, 2002）等。

31 項重要非學術性的榮譽名銜，如 1980 年獲維多利亞市「榮譽市民」（Honorary Citizen of City of Victoria）；1981 年獲維多利亞市華埠獅子會之突出服務獎（Outstanding Service Award）；1982 年獲加拿大傳遺基金會卑斯省和育空地區服務獎「BC and Yukon regional Community Service Award」；1983 年被授予加國最高榮譽的「加拿大員佐勳銜」（Member of Order of Canada）；1985 年獲卑斯省傳遺學會年度獎（Heritage Society of BC Annual Award）；1998 年獲卑斯省傳遺獎（1998 British Columbia Heritage Award）；1992 獲加拿大成立 125 週年紀念獎章（Commemorative Medal for the 125th Anniversary of the Confederation of Canada）；2002 年獲伊麗莎白女皇二世金禧紀念獎章；2012 年獲伊麗莎白女皇二世鑽禧紀念獎章等。